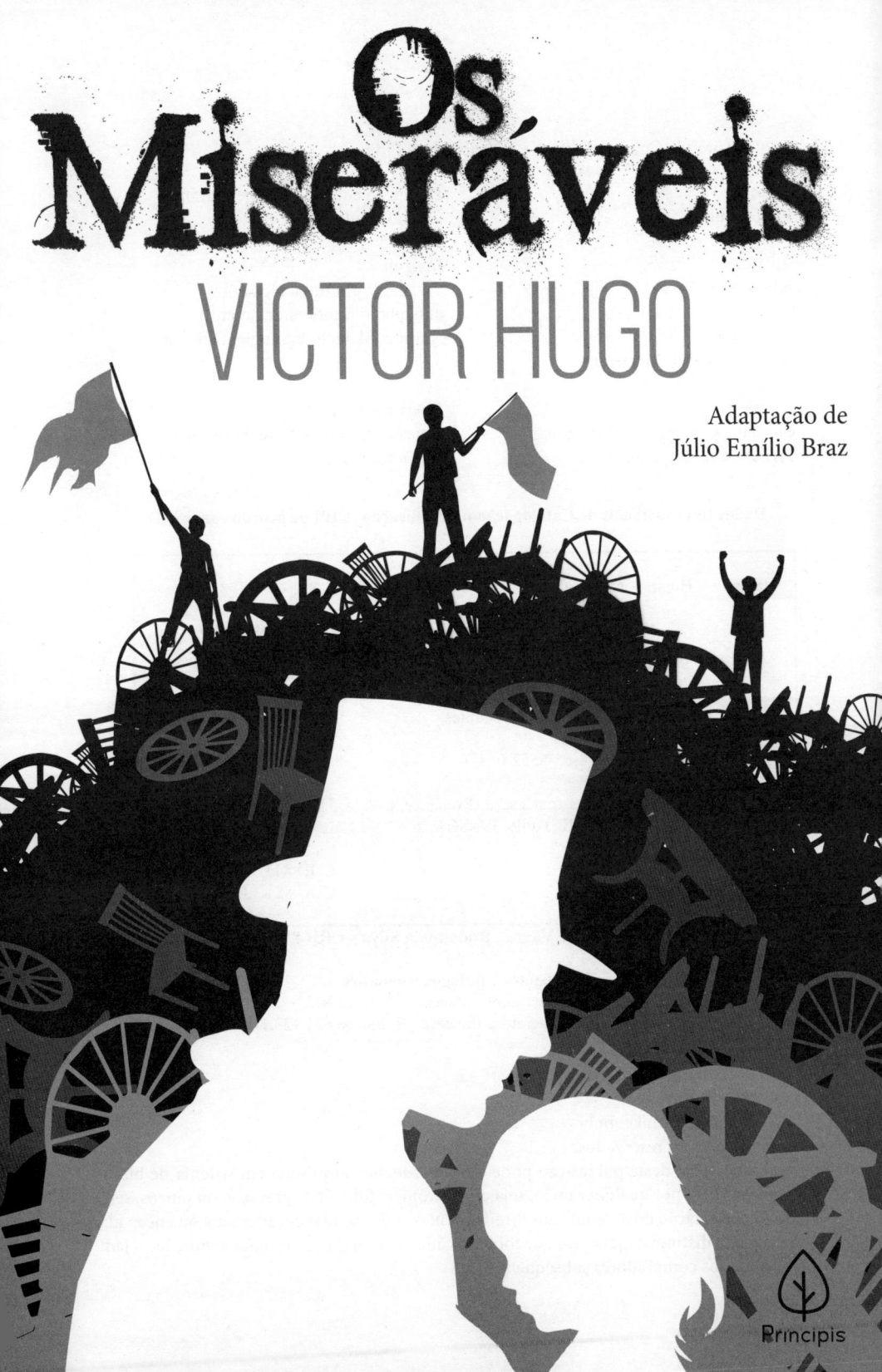

© 2020 Ciranda Cultural Editora e Distribuidora Ltda.

Texto
Victor Hugo

Adaptação
Júlio Emílio Braz

Preparação
Regiane da Silva Miyashiro

Revisão
Cristiana Gonzaga Souto Corrêa
Fernanda R. Braga Simon

Produção editorial e projeto gráfico
Ciranda Cultural

Imagens
Tigger11th/Shutterstock.com;
nubephoto/Shutterstock.com;
Andrew Shevchuk/Shutterstock.com;

Abertura de capítulos
Citações retiradas do texto original
de Victor Hugo

Dados Internacionais de Catalogação na Publicação (CIP) de acordo com ISBD

H895m   Hugo, Victor, 1802-1885

Os miseráveis / Victor Hugo ; adaptado por Júlio Emílio Bráz ; traduzido por Francisco F. S. Vieira. - Jandira, SP : Principis, 2020.
208 p. ; 16cm x 23cm. – (Literatura Clássica Mundial)

Tradução de: Les Misérables
Inclui índice.
ISBN: 978-65-5552-081-1

1. Literatura francesa. 2. Romance. I. Bráz, Júlio Emílio. II. Vieira, Francisco F. S. III. Título. IV. Série.

2020-1439

CDD 843
CDU 821.133.1-31

Elaborado por Vagner Rodolfo da Silva - CRB-8/9410

Índice para catálogo sistemático:
1. Literatura francesa : Romance 843
2. Literatura francesa : Romance 821.133.1-31

1ª edição em 2020
www.cirandacultural.com.br
Todos os direitos reservados.
Nenhuma parte desta publicação pode ser reproduzida, arquivada em sistema de busca ou transmitida por qualquer meio, seja ele eletrônico, fotocópia, gravação ou outros, sem prévia autorização do detentor dos direitos, e não pode circular encadernada ou encapada de maneira distinta daquela em que foi publicada, ou sem que as mesmas condições sejam impostas aos compradores subsequentes.

SUMÁRIO

Capítulo 1 7
Capítulo 2 29
Capítulo 3 40
Capítulo 4 53
Capítulo 5 55
Capítulo 6 73
Capítulo 7 79
Capítulo 8 87
Capítulo 9 95
Capítulo 10 98
Capítulo 11 104
Capítulo 12 123
Capítulo 13 128
Capítulo 14 134
Capítulo 15 138
Capítulo 16 142
Capítulo 17 147
Capítulo 18 156
Capítulo 19 168
Capítulo 20 174
Capítulo 21 179
Capítulo 22 187
Capítulo 23 195
Capítulo 24 200
Capítulo 25 204

"Enquanto, por efeito de leis e costumes, houver proscrição social, forçando a existência, em plena civilização, de verdadeiros infernos, e desvirtuando, por humana fatalidade, um destino por natureza divino; enquanto os três problemas do século – a degradação do homem pelo proletariado, a prostituição da mulher pela fome, e a atrofia da criança pela ignorância – não forem resolvidos; enquanto houver lugares onde seja possível a asfixia social; em outras palavras, e de um ponto de vista mais amplo ainda, enquanto sobre a terra houver ignorância e miséria, livros como este não serão inúteis."

Capítulo 1

Muito se falou e outro tanto se escreveu sobre o mundo e as coisas do mundo. Tanto e, na verdade, cada um de nós tem lá suas opiniões sobre a existência humana. A perplexidade é, via de regra, a vala comum em que despejamos nossas maiores inquietações e incertezas sobre ela, mas, acima de tudo, sobre os incontáveis personagens que a povoam. Todos temos uma opinião sobre aqueles que conhecemos mais profundamente, mas também sobre aqueles pelos quais passamos ou apenas cruzamos o olhar ocasionalmente, os piores comentários e considerações quase sempre reservados para os desconhecidos ou para aqueles que francamente odiamos, quando não queremos o mal. Sob tais considerações, a desconfiança, ou mesmo a franca hostilidade, é uma arma legítima a empregarmos contra aqueles que desconhecemos ou de quem, por este ou aquele motivo, desconfiamos.

Jean Valjean sentia na carne tais sentimentos e impressões há mais tempo de que se recordava. Provavelmente se lembrava, afinal de contas, quem se esquece de uma ofensa recebida ou violência sofrida?

Tudo se fizera insuportavelmente igual e rotineiro desde que os muros da prisão ficaram para trás. Tola ilusão, constatava depois de um daqueles intermináveis dias longe deles. Em certa medida, jamais os abandonara. Podia senti-los em torno de si a cada segundo, sempre que aqueles olhares o alcançavam ou o examinavam escrupulosamente. Sempre que se via parado por soldados na estrada ou por policiais nas vilas e cidades por onde passava. Estigma monstruoso, por mais que disfarçasse ou tentasse dissimular, algo nele, no seu comportamento, quem sabe, nos seus olhos duros e ressentidos por conta de antiga e imperecível injustiça, aqueles olhos o despiam de qualquer máscara de que pudesse se valer para esconder o passado de presidiário.

Cansara-se e, aos poucos, fora se irritando com a hostilidade surda daqueles desconhecidos e a condenação irremovível que o acompanhava aonde quer que fosse. Enredara-se nos liames de uma armadilha perversa trançada pelos papéis os quais, em princípio, garantiam que era um homem mais uma vez livre e que até o último dia de sua condenação fora cumprido. Longe de assegurar que podia ir para onde quisesse e estabelecer-se onde bem entendesse, muito pelo contrário, aqueles papéis asseguravam a aversão e o distanciamento da maioria e a violência tanto de certos policiais quanto de gente que nunca vira. Esgueirava-se pelas trilhas escuras das florestas, evitava as estradas principais, e mesmo a convivência com o resto da humanidade parecia terminantemente proibida para ele. Refugiava-se em cavernas. Viajava preferencialmente nas noites escuras e sem lua. Dormia às escondidas em construções abandonadas e poucos eram os que, apiedados de sua condição, se dispunham a sequer o alimentar, desconfiando até mesmo do dinheiro que afiançava ter juntado ao longo de seus anos de prisão. Estava livre, mas, ao mesmo tempo, sentia-se condenado.

Não existia resignação ou medo, mas, sim, uma crescente revolta. Por vezes, a humilhação fora tamanha que sentira ímpetos de arrojar-se sobre este ou aquele, saciar a fúria incontida estreitando suas mãos imensas em torno do pescoço daquele que o ofendia ou mesmo o ameaçava com uma arma. Uma parte de si ainda tentava escusar tais pessoas, atribuindo a seu corpo de dimensões verdadeiramente colossais parte da responsabilidade por aquele temor e desconfiança cotidianos. Era um homem excepcionalmente corpulento e forte, e os anos de trabalho forçado e castigos corporais apenas agravaram tanto o avantajado de suas dimensões quanto o temor nos olhos dos que cruzavam o seu caminho. Fosse o que fosse, os primeiros dias na pequena e insignificante Digne foram de redobrada cautela. Transformou-se praticamente em um fantasma, esgueirando-se pelos campos, preferindo a noite para se deslocar e evitando ao máximo a proximidade e mesmo os olhares da população extremamente desconfiada e, como outras tantas iguais a ela, presumivelmente hostil. É certo que se aventuraria a ter qualquer tipo de contato com qualquer um deles se não tivesse ouvido casualmente a conversa de um grupo de mulheres. Foi a primeira vez que ouviu pronunciado o nome de Monsenhor Bienvenu.

Não que se interessasse sobremaneira ou que algo chamasse tanto a sua atenção para o velho religioso. Já tivera experiências anteriores bem ruins com outros homens que se diziam de Deus como ele e de muitas delas não guardava boas recordações. Prudentemente, preferia evitá-lo, como fizera em relação à gente de Digne. Sua existência solitária e quase invisível tornara-se um refúgio seguro e inalcançável pela maldade humana, dizia de si para si.

"O que aquele homem poderia lhe dar além da hostilidade e da incompreensão comum a tantos outros?" – perguntava-se.

Os anos de prisão não fizeram tanto para transformá-lo como aqueles poucos meses em liberdade. Amargurado e triste, deixara para trás o homem que um dia acreditara na bondade humana e na possibilidade redentora do perdão. Era um condenado e seria sempre. Não acreditava que Monsenhor Bienvenu pudesse ser diferente dos outros tantos que cruzaram seu caminho. Apesar disso e com a persistência cada vez maior dos comentários sobre a grande bondade dele, desfez-se de suas restrições e resolveu procurá-lo.

Nunca soube explicar muito bem a si mesmo o porquê. Talvez a solidão respondesse pelo seu gesto e o desespero agravasse a necessidade do olhar do outro, fosse quem fosse esse outro. A curiosidade poderia ser a explicação mais simples. Tão bem se falava daquele homem que Jean Valjean, aos poucos, deixou-se levar pelo interesse por comprovar, e mesmo experimentar, a tão alegada benignidade do religioso. O mais provável, no entanto, é que tudo não passasse pela falta de alternativas que permeava seus dias vazios, a fome apertando e vencendo seus receios mais persistentes. Por este ou aquele motivo, certa noite, ele o procurou.

O bom bispo de Digne, sem sombra de dúvida, fazia jus a tudo o que se dizia dele, principalmente no que tangia à grande bondade de seu coração. Nascido Charles-François Bienvenu Myril, filho de nobres, tornara-se religioso um pouco depois de perder a esposa que tanto amava para uma doença pulmonar que a acometeu quando os dois moravam na Itália. Sem filhos e praticamente sem família, destruída no turbilhão sangrento de morte e destruição que consumiu a França nos anos da Revolução de 1793, acometido por uma tristeza que por vezes o levou a pensar em pôr fim à própria vida, finalmente voltou-se para a religião e tornou-se padre. Estavam então no ano de 1815, e Jean Valjean o encontrou dividindo a sólida, mas relativamente modesta, construção que ocupava nos arredores da pequena Digne com a irmã Baptistine, tudo que lhe restara da família e dez anos mais nova do que ele, e uma antiga criada, uma velhinha baixa e muito gorda conhecida como Magloire.

Uma vida pacata feita de frugalidade extrema e renitente austeridade, bem mais comum a um eremita do que a um bispo, por mais remota e pobre que fosse a região sob sua responsabilidade. Aliás, vida iniciada praticamente em sua chegada, quando Bienvenu trocou a relativa ostentação do palácio episcopal por aquela singela construção e o antigo hospital, depois daquele dia, veio a ser transferido justamente para o palácio episcopal.

O mais absoluto desprendimento diante dos bens materiais abriria praticamente de imediato todas as portas da gente rude e mais humilde da região para o religioso e, em igual medida, definiria a persistente desconfiança dos mais favorecidos. Todos eram iguais não só aos olhos de Deus, mas também aos olhos de Monsenhor Bienvenu. Suas portas estavam abertas para todos, a qualquer dia ou hora, e mesmo nos dias e noites de inverno mais rigoroso, quando a neve cobria as montanhas e fazia praticamente desaparecer o vilarejo, sua casa era porto seguro para moradores ou simples viajantes. Onde grassava a doença ou a fome, lá com certeza se encontraria facilmente a boa alma de Digne, como muitos o conheciam, e, em suas palavras, a voz serena e acolhedora, os mais desesperados sempre encontravam o necessário refrigério, a paz e o consolo para levarem suas vidas difíceis. Por isso, mas acima de tudo por conta de tudo o que ouvira nos dias anteriores à sua decisão de procurá-lo, Jean Valjean não se surpreendeu quando o religioso, a despeito dos murmúrios de apreensão e do persistente olhar de hostilidade e desconfiança da velha Magloire, abriu a porta e gesticulou para que entrasse. O sorriso amistoso o recebeu bem antes de dizer qualquer coisa, a menor palavra, e encheu-se de solicitude enquanto o acompanhava até uma sala fracamente iluminada.

– Eu precisava apenas de um lugar para descansar e de um pouco de comida... – principiou, a voz receosa e indisfarçavelmente tensa.

Bienvenu apontou para uma das cadeiras em um dos lados de uma sólida mesa e disse:

– Minhas portas estão sempre abertas para qualquer filho de Deus que passe por aqui, meu filho... a qualquer hora.

– Estou muito cansado... andei doze léguas e estou com muita fome. Posso ficar?

O sorriso amistoso do religioso alargou-se ainda mais enquanto ele se virava para a velha Magloire e pedia:

– Ponha outro prato na mesa, senhora Magloire. Não vê que temos visita?

Novo olhar hostil lançado na direção de Jean Valjean e, depois de um instante, a velha empregada, contrariada, saiu da sala.

Vendo o visitante relutar em sentar-se, Bienvenu indagou:

– Não quer sentar?

– Não... quer dizer, sim...

– Pois então...

Olharam-se, Jean Valjean por fim dando um passo na direção do religioso, nervosismo evidente.

– Creio que devo lhe dizer que sou um ex-presidiário – admitiu. – Acabo de sair da prisão...

Bienvenu balançou a cabeça e disse:

– Não é necessário...

Jean Valjean desdobrou uma folha de papel amarelada e a ofereceu ao religioso.

– O que é isso? – perguntou Bienvenu.

– Minha declaração de liberdade. Eu tenho de carregá-la para onde for e apresentar a qualquer um que encontre, mesmo quando ele não solicitar...

– Não aqui, meu filho.

– Mas...

– Não aqui. Agora sente-se.

Jean Valjean guardou o pedaço de papel de volta no bolso. Sentou-se.

– Eu posso pagar... – insistiu.

Bienvenu sorriu.

– Pagar? Pagar pelo quê?
– Pela hospedagem e pela comida.
– Não será necessário.
– Eu tenho dinheiro...
– Meu filho...
– Economizei durante os dezenove anos que passei na prisão...
– Santo Deus, homem! – espantou-se o religioso. – Que crime tão grave cometeste para ficar tanto tempo preso?

Os olhos de Jean Valjean iluminaram-se, uma centelha de antiga indignação e revolta dardejando a escuridão.

– Um pão – respondeu, entredentes, calando-se em seguida quando Magloire retornou com uma fumegante terrina de sopa que colocou na mesa entre ele e Bienvenu.

Calou-se. Logo que o prato foi colocado à sua frente, Jean Valjean apossou-se de uma concha que ainda estava na mão da empregada. Magloire recuou, assustada, e lançou-lhe um olhar de viva repugnância. Ele afundou a concha no líquido espesso e submeteu-se ao delicioso aroma que se desprendia do vapor que lhe alcançou as narinas. A empregada ensaiou um protesto, voltando-se para o religioso. Este gesticulou com indulgência, insistindo para que se calasse, indicador atravessado sobre os lábios e, em seguida, para que se retirasse. Por uns instantes, limitou-se a observar e, em certa medida, encantar-se com a sofreguidão alimentar do ex-presidiário antes de acompanhá-lo em um silencioso repasto noturno. Uma ou outra pergunta foi feita e respondida de imediato, meros grunhidos ou breves monossílabos, aos quais aquiesceu compreensivamente. Respeitou tanto a voracidade (sequer imaginava há quantos dias não tinha uma refeição decente) quanto as poucas informações que recebia. Ele lhe diria o que considerava necessário que soubesse e se questionava sobre se haveria informação mais importante ou prejudicial a ele mesmo que pudesse dar sob aquelas circunstâncias.

Um ex-presidiário.

Dezenove anos de condenação pelo roubo de um quase insignificante pão?

"Inacreditável" – disse de si para si, enquanto o observava, à falta de melhor ou mais adequada definição, literalmente devorar um grande pedaço de carneiro.

– Não temos apenas isso na despensa, não é mesmo, Magloire querida? – observou, sorridente, voltando-se para a empregada de pé à cabeceira da mesa.

Delicada censura que a fez sair e retornar um pouco depois carregando uma tábua de madeira sobre a qual jaziam três quartos de um queijo do qual Jean Valjean tirou três grandes fatias. O pão de centeio teve idêntico destino. Os figos de um pequeno prato desapareceram como que por encanto. Um solitário pedaço de bolo reduziu-se a poucas migalhas no fundo de outro prato.

Ele estava realmente esfomeado. Comia como se não o fizesse há semanas. Aqui e ali, lançava um olhar envergonhado para a empregada e para Bienvenu, desviando-o apenas para observar as facas, as colheres e os garfos de prata que relutantemente Magloire trouxera para a mesa. Aliás, não tirava os olhos deles desde que vira a empregada espalhá-los ordenadamente pela mesa. Desviou-os uma ou duas vezes somente quando percebeu que Magloire o observava, vigilante e desconfiada.

Em vão procurou escapar à tentação, praticamente hipnotizado tanto por sua visão quanto pela dos dois castiçais igualmente de prata que o religioso insistira que trouxesse de seu quarto para iluminar o jantar. Um inferno. Bienvenu falava, sorria e perguntava, bem sabia, pois via seus lábios se moverem e a irremovível máscara de generosidade e interesse que cobria seu rosto bonachão. Respondia de forma vaga, desinteressada, os olhos e, na verdade, cada fibra de seu corpanzil como que absorvida pela imagem de talheres e castiçais de prata que se fixaram em sua mente. Esforçou-se para que não percebessem. Mesmo depois que, saciado e cada vez mais sonolento, saíram da mesa e se entregaram a uma conversa das mais agradáveis, pelo menos para o religioso, que se mostrava sinceramente interessado em ouvi-lo, não tirou nenhum deles da cabeça.

– Ah, queira me desculpar, meu filho... – disse Bienvenu por fim.
– Você, cansado e sonolento e eu, tagarelando como um insensível.

Estava enganado. Completamente. Houvesse sono ou não, ele se dissipara rapidamente, e uma persistente insônia acompanhou Jean Valjean quando o bispo o deixou em um dos quartos da casa. Os talheres. Os castiçais. Prata. Todos de prata. Afugentavam qualquer mínima vontade de dormir. Deitou-se. Em vão. Colheres, garfos, conchas, até outros tantos objetos que nem foram colocados na mesa assombravam seu sono, mas, por fim, apenas os castiçais persistiam, tentadores, infernais. Algo de muito ruim apossava-se de sua vontade, quebrando o pouco de resistência que encontrava dentro de si, representado por antigas lembranças.

O pão...

A fome, o desespero provocado pela fome que anos antes o levara a roubar um pão e, consequentemente, ser preso e enviado para a prisão onde passou dezenove anos sempre sobrevinham quando a tentação do roubo o assediava.

A falta de sono era a consciência atormentando-o com os últimos vestígios de lembranças bem antigas do homem bom que fora em tempo esquecido, perdido ao longo do cotidiano torturante dos anos de prisão. Certamente era o pouco que ainda resistia daquele homem desempregado, porém decente que, no auge do desespero, mais angustiado com a fome que matava os sobrinhos do que com a própria, roubara um pão.

Foram cinco anos aos quais foram acrescentados outros tantos depois de cada nova tentativa de fuga até alcançarem os dezenove anos de condenação injusta e sofrimento cotidiano em uma das mais sombrias prisões da França.

Nesses momentos, confrontando o homem que fora e o que havia se tornado, Jean Valjean se angustiava. Pensar nos castiçais apenas aumentava seu tormento, assim como as lembranças boas e ruins de uma existência dividida e, até então, praticamente irremovível.

Bicêtre.

O inferno na terra. A prisão infame. A grande devoradora de homens, mas antes, a implacável destruidora de convicções e almas generosas. A desolação que devolvia até o mais forte dos homens à sua animalidade. Sobreviver a ela não era voltar à vida, mas antes carregar os piores instintos para a vida de outros. Em certa medida, compreendia os olhares hostis e uma ou outra arma apontada para si ao longo daqueles tempos de uma liberdade tão sem sentido. Em Bicêtre, aprendera a odiar a tudo e a todos. Sua revolta investira-se de uma fúria cega contra qualquer um que cruzasse o seu caminho, como nos tempos dos corredores fétidos e escuros da prisão.

Todos eram maus. Não fora um juiz cujo nome não se recordava mais que o condenara e o mandara para a prisão, mas cada uma daquelas pessoas que passava por ele nas ruas das cidades e nas muitas estradas pelas quais trafegou desde que abandonara seus muros altos. Não devia nada a ninguém, a não ser a maldade, a esperteza, a vilania e outros tantos sentimentos ruins. Mesmo homens como Bienvenu, aparentemente bons e generosos, poderiam esconder dentro de si criaturas tão odiosas quanto aquelas com as quais partilhara os martírios de Bicêtre. Não poderia se deixar iludir. Não deveria se encher de remorsos ou sentimento de culpa por pensar em roubar-lhe os castiçais de prata, mas muito pelo contrário, deveria fazê-lo o mais depressa possível, enquanto ele e as duas mulheres dormiam. Caso um deles se colocasse em seu caminho, por que não os matar?

Nada devia a nenhum deles. Não deveria se privar talvez de uma nova oportunidade de recomeçar através do dinheiro que certamente conseguiria se vendesse os castiçais. Sabia que alguém os compraria. Mais do que isso, tinha absoluta certeza. "Bastaria mostrá-los a qualquer um, e a cobiça, a avareza e a necessidade de tudo ter e tudo desejar, bem comum à maioria dos homens, fariam o resto" – filosofou.

Esforçou-se para não pensar muito sobre Bienvenu e seus bons sentimentos. Preferiu atribuí-los a uma artimanha, outra das tantas máscaras que as pessoas à sua volta usavam costumeiramente para enganá-lo, condená-lo, maltratá-lo ou, como antes, enfiá-lo no inferno de Bicêtre. Tudo aquilo não passara de hábil engodo cujo propósito ainda não estava muito bem definido em sua cabeça e o qual não tinha nem tempo nem interesse em descobrir qual seria.

É, era isso mesmo.

A comida, farta e boa. O vinho. A cama macia, onde o sono quase o dominou e o deixou à mercê sabe-se lá do quê. Os sorrisos. A preocupação aparentemente genuína. Tudo. Tudo. Tudo. Tudo uma armadilha. Não era real e, portanto, não cairia nela. Não se deixaria enganar nem que os mesmos bons sentimentos que o levaram à prisão o impedissem de fazer o que tinha de fazer para se livrar daquela nova prisão que era a vida longe de Bicêtre.

Algo, uma inquietação que não soube explicar e muito menos compreender, ainda o manteve na cama por um bom tempo. Rolou de um lado para o outro, incomodado, debatendo-se sempre que o sono sobrevinha, despertando-o para uma decisão da qual se esquivava. Bienvenu era uma lembrança recente que não saía de sua cabeça e o imobilizava.

Ele lhe pareceu um homem bom. Alma generosa. Sinceramente indignado com o que lhe acontecera.

Ainda se via entregue às suas dúvidas e hesitações quando o relógio da catedral soou duas vezes. Duas horas da manhã. Como que liberto de amarras poderosas, saltou da cama e esgueirou-se pela casa às escuras. Imbuído de uma familiaridade recém-adquirida, fruto amargo dos muitos anos passados nos intermináveis e eternamente escuros corredores de Bicêtre, esgueirou-se com facilidade pela casa e chegou à sala em que horas antes jantara com Bienvenu. Os talheres de prata ainda estavam sobre a mesa. Sopesou um por um, calculista, certamente calculando quanto receberia por eles. Duzentos, trezentos francos. Jogou-os no fundo da mochila onde carregava seus poucos pertences e encaminhou-se para a porta que se abria para os jardins. No momento em que soaram três horas da manhã, rumou para o muro e saltou, fugindo para bem longe da pequena Digne o mais depressa possível.

Noite clara de lua cheia e denunciadora, mal enveredou por um dos ermos que levavam para as montanhas e viu-se frente a frente com um grupo de soldados que vinham em sentido contrário, retornando ao lugarejo depois de uma noite inteira de patrulha pela região. Assustou-se, e o instinto do homem que passara boa parte de sua vida confinado em uma prisão falou mais alto que o bom senso. Recuou e quis voltar sobre os próprios passos. Tropeçou e caiu, atraindo a atenção dos soldados, que, no instante seguinte, correram em sua direção.

– Pare! – gritou o mais velho deles.

Jean Valjean levantou-se ainda zonzo, equilibrando-se sobre as pernas trêmulas com extrema dificuldade. Tropeçou e caiu mais duas ou três vezes. A mochila escapou-lhe por entre os dedos, e os talheres despejaram-se de dentro dela em uma chuva faiscante e prateada. Vários soldados lançaram-se sobre suas costas e engalfinharam-se, prostrando-o de bruços.

– Tirem as mãos de mim! – protestou o ex-presidiário, mais por medo de ser desmascarado e preso do que por legítima e justificada indignação.

Ergueram-no, manietando-lhe os braços, um deles estreitando seu pescoço com um dos braços. Sufocou. Os olhos embaçados lacrimejavam. Protestou inocência quando o cabo que comandava a pequena tropa exibiu a concha de prata que tinha nas mãos e perguntou:

– De onde você tirou isso, seu patife?

Jean Valjean sacudiu a cabeça com vigor, em uma negativa absolutamente inútil. Os outros soldados o golpeavam com os punhos e rugiam "ladrão" repetidas vezes e, por fim, arrastaram-no de volta a Digne. Pelo caminho, foi amanhecendo e crescendo a multidão de camponeses e moradores do povoado que, atraídos pela grande confusão e pela colossal figura de Jean Valjean, constituiu-se em um feroz cortejo que clamava por justiça e vingança contra o criminoso que ameaçava trazer medo e intranquilidade para um lugar tão calmo quanto Digne. Muitos dentre eles o reconheceram...

– Ele esteve em minha casa ainda na semana passada. Eu sabia que não era boa coisa, eu sabia...

– Eu não roubei nada! – gritava Jean Valjean de tempos em tempos.

– Mentiroso! – urravam rostos enfurecidos que emergiam do anonimato da multidão para lançar-lhe uma pedra ou golpeá-lo com uma bengala ou cajado.

Em um frêmito de desespero, o ex-presidiário mentiu:

– Foi o bispo que me deu! Perguntem ao bispo! Foi ele...

Raiava o dia quando alcançaram a casa de Bienvenu. Atraído pelo forte alarido, o religioso já os esperava à porta e, depois de lançar um olhar apressado para Jean Valjean, agitou as mãos de modo apaziguador, insistindo para que todos se acalmassem.

– Monsenhor... – o comandante da tropa inclinou a cabeça em uma breve reverência e retirou o chapéu de modo respeitoso. A um gesto seu, os soldados arrojaram seu prisioneiro na direção do religioso.

Jean Valjean prostrou-se de joelhos, cabisbaixo e trêmulo, evitando o olhar de Bienvenu.

– Que fez este homem para merecer tal tratamento? – perguntou o religioso, olhando em torno. – Por que o trazem até mim?

– Ele diz que o conhece, monsenhor...

Bienvenu deu uns poucos passos na direção de Jean Valjean e, sorrindo amistosamente, de braços abertos, perguntou:

– O que houve, meu bom homem? Esqueceu alguma coisa? Por que voltou?

O militar mais velho colocou-se entre ambos e, apontando para o ex-presidiário, contrapôs:

– O senhor o conhece?

Bienvenu tornou a olhar para Jean Valjean e seu sorriso alargou-se um pouco mais.

– Foi bom trazê-lo de volta, cabo.

O militar entreolhou-se com os outros soldados, tão surpreso quanto o próprio Jean Valjean, o qual levantou a cabeça e o encarou.

– Então o senhor o conhece? – disse um dos soldados

– Como não, cabo? Ele foi meu hóspede no dia de ontem. Aliás, eu queria lhe agradecer imensamente...

– Senhor?

Bienvenu sorriu para Jean Valjean e, ignorando os olhares desconfiados dos soldados e da multidão, continuou:

– Quer saber? Deveríamos agradecer ao cabo por trazê-lo de volta. Acredito que o senhor não notou...

Jean Valjean empalideceu, boquiaberto e ainda bem assustado.

– Não notei...

– Eu lhe dei os castiçais também e você os esqueceu. Você percebeu que os esqueceu? Somente eles já lhe garantirão mais de duzentos francos, e nós dois sabemos como esse dinheiro chegará em boa hora para o senhor, ou não?

Mudo de espanto, o ex-presidiário nada dizia, tão confuso quanto cada um daqueles homens e mulheres que se amontoavam silenciosamente na frente da casa do velho religioso, uns francamente envergonhados.

– Então o senhor realmente deu esses talheres para ele? – insistiu o cabo.

Bienvenu sorriu para ele, tranquilizador.

– Ele não lhe contou?

O militar sorriu, embaraçado.

– Dizer ele disse, mas o senhor compreende, não?

– Compreendo o quê, cabo?

– Ele é...

– Ele disse a verdade, cabo.

– Então o senhor realmente deu a prataria para ele?

– Certamente. Ele não lhe disse?

– Disse.

– E o senhor não acreditou?

– Ele não diz outra coisa desde que o pegamos na estrada para Portalier...

– Que eu dei minha prataria para ele?

– Exatamente. Quer dizer que posso soltá-lo?

– Deve. Aliás, nem sei por que exatamente o senhor e seus homens o prenderam, pois ele lhes disse a verdade. Acredito que tudo não passou de um grande e lamentável engano... – O bispo entrou e um pouco depois retornou, os dois castiçais nas mãos. Parando diante de Jean Valjean, ofereceu-os a ele, dizendo: – E teve até um lado bom, pois posso concluir a minha doação. Vamos, meu bom homem, pegue! Eles são seus.

Os soldados se afastaram do ex-presidiário, que se pôs de pé e apanhou os castiçais, incapaz de dizer qualquer palavra, por menor que fosse, ou mesmo de dissimular seu espanto. Nada parecia real aos seus olhos, a começar pelo gesto de Bienvenu.

O que estava acontecendo?

O que se escondia por trás de seu gesto?

Por que ele estava lhe dando os castiçais e todos os outros talheres de prata?

Incompreensível.

– Agora é melhor você ir andando – disse o religioso, fazendo o sinal da cruz tanto para ele quanto para os soldados e a multidão, antes de insistir: – Você ainda tem uma longa jornada pela frente, ou não?

Jean Valjean concordou silenciosamente, com um tímido aceno de cabeça.

– Vocês também – apelou Bienvenu, virando-se para todos em torno deles. – Voltem para suas casas em paz.

Foi rapidamente obedecido. Jean Valjean esperou ainda uns instantes até ver-se sozinho na companhia do religioso. Constrangido, fugiu de seu olhar e já se virava para partir quando o sentiu achegar-se e, quase em um sussurro, dizer:

– Nunca se esqueça do que me prometeu, meu bom homem...

Jean Valjean o encarou, espantado.

– Prometi?

Bienvenu voltou a sorrir e esclareceu:

– Nunca se esqueça de que me prometeu usar o dinheiro que certamente conseguirá com a venda desses objetos apenas para se tornar um homem de bem.

Depois que ele entrou, Jean Valjean, sem saber o que fazer, dizer ou mesmo para onde ir, abraçado aos dois castiçais, ainda tentou encontrar aquela promessa em algum ponto remoto de sua memória. Inútil. Não se lembrava de promessa alguma. O religioso o enganara ou se enganara ao dizer aquelas palavras.

– Lembre-se bem – as últimas palavras de Bienvenu ainda ressoariam por muito tempo em sua cabeça. – Você não é mais o homem que entrou ontem em minha casa. Não pertence mais ao Mal, mas se esforçará até o último de seus dias para fazer o Bem. Eu comprei sua alma com esses objetos e com meu gesto e terei de prestar contas ao Senhor quando finalmente o encontrar; tiro-lhe todos os seus maus pensamentos e o afasto do espírito de perdição para que sua alma seja entregue a Deus.

Jean Valjean finalmente correu. Correu muito. Correu o quanto pôde e para o mais distante de Digne e daquelas montanhas. Muitos anos depois daquele dia, ele ainda se surpreendia pensando sobre tudo o que havia acontecido. O velho Monsenhor Bienvenu sempre era aparição costumeira nessas horas. Por vezes, confundia-se acerca dos caminhos que percorreu e para onde foi. Ignorava mesmo quem havia adquirido a prataria. Rememorava cada sentimento que experimentou ao longo de tão tormentosa peregrinação através de si mesmo. O ódio intenso que o fez pensar em voltar e agredir a todos que o humilharam. O enigma impenetrável que sempre se constituiu para ele as reais motivações de Bienvenu. O desvelamento de uma promessa que em tempo algum se lembrava de ter feito. A loucura e o desvario que o levou a descarregar toda a sua perplexidade em alguns que cruzaram o seu caminho pouco depois de deixar Digne. Uma criança da qual tirara uma moeda. O padre que viajava despreocupadamente no lombo de uma mula e que fugiu dele, apavorado, quando o abordou, cheio de remorsos, incapaz de lembrar-se do que realmente fizera e do destino que dera à criança. Loucuras, a mais desesperadora aquela que o levou a prostrar-se sobre os joelhos na solidão das montanhas e chorar por muitas e muitas horas. As primeiras lágrimas depois de quase vinte anos...

Angustiava-se, temendo jamais ser capaz de ser real e completamente bom como prometera a Monsenhor Bienvenu, e aquela dúvida o perseguiria por muitos e muitos anos.

"Ninguém guarda melhor um segredo que uma criança."

Poucas coisas na existência humana a definem e a singularizam como as relações entre as pessoas e a relação de cada uma delas com seus sentimentos. Nenhum sentimento é tão inescapavelmente humano quanto o amor. Nenhum sentimento é tão destruidoramente humano quanto o amor.

Fantine bem o sabia e, em retrospecto, depois que o melhor dele se desfez nas águas turvas do fim inevitável de todas as coisas e ele se resumia a pálidas lembranças de uma felicidade fugaz e cada vez mais distante, quando a realidade se impõe e nos confronta, ainda assim não se arrependia. Sofria, mas não se arrependia.

Fora o que fora e cada segundo se fizera extraordinariamente bom. O sonho maravilhoso da primeira paixão verdadeira, e que se supõe obviamente eterna, apossou-se do coração da jovem humilde que abandonava a vida simples de uma pequena cidade no interior para o torvelinho de novidades que desde o primeiro dia foi Paris.

Ah, Paris seria sempre Tholomyès...

Mesmo depois que a última ilusão se desfez e o amargo do cotidiano de decepções e sofrimentos tomou-a por completo, não conseguia livrar-se de sua imagem, até do mais tolo sorriso. As palavras e juras apaixonadas, bem como os carinhos e as incontáveis promessas, estariam para sempre em sua mente, inclusive para lembrá-la de como fora tola.

Pobre Fantine, como fora ingênua. Como se deixara levar tão facilmente?

Alguém poderia condená-la?

Quando chega a paixão, desfaz-se a razão e somos levados repentinamente a sentimentos e atos que normalmente nos assustariam se os víssemos ser cometidos por outro que não nós. Deixamos de nos pertencer para pertencer àquele ao qual dedicamos nosso interesse, mas, acima de tudo, aos sonhos quase sempre tolos por serem, antes de qualquer coisa, impossíveis de se realizar. Assim se passou com Fantine.

Primeiro amor. A profusão de desejos, atordoante e invencível, à qual sucumbiu seria facilmente explicável por sua ingenuidade. Era jovem, uma criaturinha até meio boba e presa fácil de um homem como Tholomyès. Assim se deu. Mal seus olhares se cruzaram e todos os pruridos e receios vieram abaixo, desfizeram-se como a névoa diáfana de uma simples manhã de outono sob o sol da voz embriagadora de Tholomyès, à sedução de seus poemas, recitados nas muitas noites de amor a que se entregou em poucos dias, sôfrega e sem restrição alguma. Facilmente conseguiria recitar cada palavra das muitas promessas feitas e finalmente identificaria a leviandade oculta em cada uma delas.

A grande lembrança, a que se faria invencível na marcha implacável do tempo e se repetiria interminavelmente nos dias ruins que se seguiriam àquela felicidade tão fugidia, seria sempre aquele final de tarde em um restaurante na Champs-Élysées. Simplesmente, triste ironia, seria o momento em que experimentou a maior felicidade de sua vida.

Ela jamais se repetiria. Nunca. Ilha solitária e contraditoriamente luminosa na vastidão inóspita de um mar de tristezas e sofrimentos crescentes, cotidianos...

"Vós, que sofreis, porque amais, amai ainda mais. Morrer de amor é viver dele..."

Próximo e tão distante. Amada e abandonada, porém feliz com a lembrança, tola esperança de quem nada mais tem na vida a não ser o consolo de algum dia ter sido feliz, mesmo que de modo fugaz.

Arrependimento?

Sim, a todo momento, depois de cada momento de dor e humilhação, a rotina que a acompanharia em seu lento, porém inevitável, processo de degradação. Apesar disso, sempre haveria aquele dia em sua memória. Ainda sorria quando Tholomyès e seus amigos abandonaram a ela e às amigas no restaurante na Champs-Élysées...

Como era mesmo o nome?

O que dissera, quais foram as últimas palavras que dissera?

Pouco importava.

O sorriso. Os sorrisos. A felicidade. Seu. Dele. De todos. Tudo era absolutamente possível em sua vida naquele dia memorável...

Ah, como esquecer?

Tholomyès deixara um bilhete. Ele e os amigos trocavam sorrisos quando Fantine o recebeu de suas mãos. Eles prometeram voltar, mas, depois de certo tempo, tanto ela quanto as amigas, sem compreender muito bem o que se passava e até ofendidas, resolveram voltar para casa.

Brincadeira boba, de mau gosto, reclamavam, para, no momento seguinte, rirem de si mesmas. Aqueles sorrisos as acompanhariam até bem depois de chegarem em casa, e o de Fantine desfez-se somente quando desdobrou o pequeno pedaço de papel e leu o que Tholomyès lhe escrevera. Sem rodeios e até com certa crueldade, ele se despedia. A leviandade de cada palavra que recitaria até o último de seus dias como uma impiedosa condenação a seu amor e a crença infantil de que era igualmente amada feriram-na de morte. Ela e seu amor. Tudo ficaria ainda pior quando, alguns meses mais tarde, nasceu sua filha com Tholomyès.

Sem alternativas, abandonada até mesmo pelas amigas, abandonou Paris e voltou para casa. Em momento algum pensou em contar a verdade aos pais e, nos poucos meses que se seguiram ao nascimento de sua filha, a pequena Cosette, enredara-se em tão extenso cabedal de mentiras para esquivar-se à condenação de vizinhos e qualquer um que dela se aproximasse que seu maior receio era de que, mais cedo ou mais tarde, acabasse desmascarada por si mesma, pela incapacidade de continuar mentindo.

Jamais chegaria a Montreuil-sur-Mer, a cidade onde nascera e onde acreditava que poderia recomeçar e cuidar com tranquilidade da filha. No meio do caminho, ainda em Montfermeil, uma cidadezinha nos arredores de Paris, impressionou-se com a maneira carinhosa como uma estalajadeira cuidava das filhas. O local chamava-se "Ao Sargento de Waterloo", e bastariam uns poucos momentos na companhia daquela mulher para que Fantine se convencesse de que seria bem mais prudente deixar Cosette aos seus cuidados do que arriscar a si e o futuro da filha. Pesou em sua decisão a possibilidade sempre presente de que fosse desmascarada e de que a condenação de todos, a começar por sua família, relegasse-as a um destino infame ou pelo menos cheio de dificuldades.

Não foi fácil convencê-la e ao marido, o proprietário da estalagem. Seu nome era Thénardier e, a cada palavra dita por Fantine, ele opunha algum obstáculo, pretextava toda sorte de dificuldades...

– A senhora compreende, não? Criança pequena dá muita despesa e nós já temos filhos...

– Eu arcarei com todas as despesas... – comprometia-se Fantine, angustiada.

– ... não sei se teríamos condições de lhe dar a atenção de que ela precisa e merece. Ela é tão pequenininha, não?

Fantine fez mais promessas do que realmente poderia cumprir. Assegurou que trabalharia o mais que pudesse e em qualquer coisa para que nada faltasse à menina, mas principalmente para que o casal não se arrependesse de ter aceitado sua proposta. No auge do desespero, chegou a fazer promessas sabendo antecipadamente que não teria condições de cumprir, o que, sem o perceber, serviu somente para fragilizá-la diante dos olhos calculistas do estalajadeiro e de sua mulher; além, é claro, de cegá-la às evidências.

Confiar em qualquer pessoa sempre envolve um risco potencial, e dessa assertiva nem os melhores amigos escapam (muitas vezes, bem ao contrário, eles se transformam com inacreditável facilidade em temíveis inimigos). Mal Fantine deu-lhes as costas, o casal apressou-se em pagar uma antiga dívida com o dinheiro que lhes deixara para custear os primeiros meses de despesas de Cosette. Aliás, dinheiro que não poderia ter chegado em melhor hora, pois estavam ameaçados de perder a estalagem. Não se passou muito tempo e os dois também estavam vendendo o rico enxoval de seda que Fantine comprara para ela e o substituindo, sem o menor escrúpulo ou piedade, pelas roupas mais velhas de suas filhas que cresciam. E seria apenas o início do calvário da pobre criança, que, à medida que crescia, se tornava vítima das pequenas e grandes maldades das filhas de Thénardier e se via transformada na empregada de todos. Nem um carinho e sequer vestígio de afeto, mas, antes, pancadas, a raiva injustificada e, por isso mesmo, mais dolorosa, os restos de toda família que, enquanto isso, se fartava com o dinheiro que Fantine continuava mandando anos a fio.

Nem a menor desconfiança sobre os infortúnios por que passava a filha. Como poderia saber?

Nas cartas que recebia do casal, lia que Cosette crescia alegre, feliz e despreocupada, cada vez mais bonita e gentil. O único momento em que se inquietava era quando os Thénardier insinuavam que o dinheiro que enviava volta e meia se fazia insuficiente para que continuassem dando do bom e do melhor para a pobre Cosette. Mesmo a gente de Montfermeil, boa parte deles desconhecendo as remessas periódicas de dinheiro de Fantine ou a origem da criança, considerava, e alguns até externavam para a própria Cosette, que ela deveria julgar-se agradecida por ter casa e comida tão generosamente oferecidas pelo estalajadeiro e sua esposa.

Miúda e volta e meia enfermiça, Cosette seria conhecida por Cotovia por muitos moradores, uns poucos ainda se compadecendo de sua condição. Era sempre a primeira a acordar e a última a deitar-se no "Ao Soldado de Waterloo". Praticamente vivia das sobras, como os cachorros das robustas filhas dos Thénardier, e, em seu silêncio assustadiço e dos mais infelizes, os olhos tristes que aparentavam incompreensão acerca de sua situação (pois, quanto a sua origem, todos insistiam que não fazia parte da família e que fora abandonada por sua mãe) pareciam sempre perguntar...

Onde estaria sua mãe?
Por que a deixara com aquela gente tão ruim?
Não gostava dela?
Não se importava?
Por quê?

"A miséria de uma criança interessa a uma mãe, a miséria de um rapaz interessa a uma rapariga, a miséria de um velho não interessa a ninguém."

Capítulo 2

Pai Madeleine transformara Montreuil-sur-Mer, era comentário recorrente na cidade. Na verdade, não ele especificamente, mas a grande fábrica que construíra dez anos antes. As ruas sonolentas e os poucos prédios haviam ficado para trás, bem como a miséria e todas as dificuldades que fizeram parte da existência do então lugarejo ignorado por tudo e por todos.

Montreuil-sur-Mer prosperava a olhos vistos desde que o primeiro tijolo fora assentado. As antigas construções desapareceram em menos de dois anos, substituídas por outras bem maiores e mais sólidas. A precariedade de buracos infernais e do esgoto a céu aberto cedera lugar a vias mais largas e seguras. A fábrica atraía mais e mais moradores, como a luz atrai a nuvem de mosquitos nos verões mais tórridos. A riqueza esfumaçava a cidade, que se espalhava em todas as direções, mas quem se importava?

O dinheiro enchia bolsos e amortecia consciências. Muitas das preocupações mais prementes cediam prazerosamente lugar à felicidade barulhenta de bares e festas permanentes, à aparição de bordéis e, com eles, os fregueses que vinham até de vilas e cidades vizinhas para gastar dinheiro com suas belas funcionárias ou abarrotar a cadeia local de bêbados e arruaceiros de todos os tipos possíveis.

A própria Fantine surpreendeu-se quando finalmente alcançou Montreuil-sur-Mer. Muito pouco restara do lugarejo humilde e de gente desconfiada onde crescera e vivera seus primeiros anos de infância e adolescência, e, como seus antigos e novos moradores, deixou-se fascinar tanto pela grande fábrica quanto pela figura de seu misterioso proprietário, o benfeitor a que todos chamavam de Pai Madeleine.

Não obstante o tanto que se dizia, tudo se movia pelo terreno extremamente incerto e traiçoeiro da imaginação de cada um dos moradores da cidade, pois pouco se tinha como certo e inquestionável sobre ele. Uns garantiam que chegara à região como simples operário e que sua riqueza repentina se atribuía à sorte de ter chegado a Montreuil-sur-Mer justamente alguns meses antes de um grande acontecimento, o incêndio que consumiu o conselho municipal. As versões se conflitam sobre as muitas causas que serviriam como marco inicial das transformações que ocorreriam nos anos seguintes, mas todas concordavam em um único e extremamente relevante ponto: Madeleine apresentara-se aos olhos de todos como o desassombrado herói, o único capaz de, ignorando o risco de morrer, lançar-se às chamas para salvar as duas filhas do capitão da guarda. A gratidão de todos se fez imediata e naturalmente eterna, alcançando-o com certos privilégios, a começar pelo fato de não lhe terem pedido seu passaporte ou quaisquer documentos para se estabelecer. Ele seria pura e simplesmente Madeleine, e o deslumbramento com o recém-chegado apenas aumentaria.

Espantavam-se com sua figura infatigável indo e vindo pela cidade até nas horas mais vazias e mesmo nos dias mais frios dos invernos mais rigorosos que assolavam a cidade ainda nos últimos dias de novembro. Falava pouco e, de si, nada dizia. Em compensação, possuía uma invejável capacidade de trabalho. Dormia pouco, se é que dormia, como insinuavam alguns. Seus modos eram frugais, e a humildade servia apenas para granjear a amizade de todos os que lhe cruzavam o caminho.

Tais qualidades eram determinantes aos olhos de todos para sua ascensão e riqueza inquestionáveis, representadas pela grande fortuna, que, como se dizia, guardava muito zelosamente nos cofres do Banco Lafitte. A admiração só fazia crescer depois da chegada de Fantine a Montreuil-sur-Mer, e outra de suas facetas mais conhecidas era a prodigalidade com que muitas vezes distribuía seu dinheiro para a construção de escolas e abrigos destinados a todo e qualquer tipo de desfavorecido, mas, acima de tudo, para a grande vila de operários nos arredores da fábrica. Fiel às suas origens, sentia-se bem mais à vontade entre a gente pobre e a massa trabalhadora, frequentemente recusando homenagens e honrarias por parte da gente rica que mais ouvia dele falar do que gozava da honra de sua presença nas muitas festas que promoviam e às quais ele fora em muito poucas ocasiões. Mesmo a aceitação do cargo de prefeito ocorrera para surpresa geral apenas depois de muita insistência por parte de uma velha senhora a quem Madeleine estimava enormemente.

Ao contrário da gente de Montreuil-sur-Mer, Fantine, em momento algum após a sua volta, ocupou-se daqueles boatos e comentários que rondavam a figura maciça do industrial. Preocupava-lhe bem mais a filha que deixara para trás com os Thénardier e as cada vez mais frequentes demandas do casal por dinheiro para sustentá-la. Tão somente sentia-se agradecida por ter conseguido um emprego na fábrica e, alguns anos mais tarde, passara a odiá-lo quando a demitiram.

Nem sabia exatamente por que o culpara. Volta e meia julgava-se uma tola. A fábrica pertencia a ele, mas duvidava de que conhecesse cada um dos operários e operárias, aos quais, por sinal, pagava bons salários; e muito menos que fosse diretamente responsável por sua demissão. Nessas horas de decepção extrema e desespero crescente, Cosette perambulava como preocupação permanente por seus pensamentos. As cartas dos Thénardier não paravam de chegar e, nas últimas semanas, vinham se tornando cada vez mais grosseiras, quando não ameaçadoras, indisfarçável chantagem; nesses momentos, via-se no interior da fábrica, e o rosto astucioso de Madame Victurnien frequentava tais lembranças.

Sabia que, desde que fora admitida, a bisbilhoteira esgueirava-se insidiosamente por sua vida, fazendo perguntas, desconfiando de suas respostas e cumulando-a e a suas amigas de perguntas intermináveis. Intrigante e cruel, surpreendera-a várias vezes chorando e a exasperara com toda sorte de indagações acerca da origem daquela tristeza intermitente que a fazia chorar. Nunca compreendera a razão de tão grande maldade, mas, em várias vezes, fora alertada por outros operários de que era vigiada por aquela mulher. Fantine era analfabeta e se valia dos préstimos de um escrevente para responder às cartas dos Thénardier e, dias antes de ser demitida, ficara sabendo por ele que Victurnien o embebedara e, por seu intermédio, não apenas tomara conhecimento da existência de Cosette como se dera ao trabalho de ir atrás dos Thénardier em Montfermeil.

Realmente não havia razão para odiar Madeleine depois de se lembrar da selvagem alegria, do contentamento que a animava quando voltou à fábrica. Ela berrava, os olhos iluminados por uma temível centelha de inacreditável satisfação, enquanto gritava que conhecera Cosette e dirigia terríveis xingamentos a Fantine.

Por quê?

Qual a razão?

O que explicava tanto ódio?

Nunca soube, mas tinha a mais absoluta certeza de que foram aqueles gritos que fizeram chegar aos ouvidos de algumas pessoas na administração da fábrica o seu comportamento reprovável e a denúncia de que era mãe solteira. Que causara a sua demissão e, mais adiante, a inevitável degradação a que se lançara por força das cartas cada vez mais ameaçadoras dos Thénardier e pela crescente preocupação com o destino de Cosette.

Não encontrava mais emprego. Aonde quer que fosse, a maldade de Madame Victurnien se antecipava e fechava as portas a qualquer tipo de trabalho. Sem que se desse conta, quase imperceptivelmente, Fantine se viu pelas ruas da cidade, prostituindo-se para que, como ameaçavam, os Thénardier não jogassem a filha na rua.

Por Cosette e apenas por ela, para preservá-la de destino tão cruel e mesmo mortal, entregou-se a desconhecidos pelas ruas e prédios mais sórdidos de Montreuil-sur-Mer até que, suja e desprezada por seu aspecto de abandono, resignou-se à companhia de um mendigo que tocava por antros assustadores e mais a espancava do que lhe dava algo além de uma moeda. A miséria alcançou-a com seus dedos frios e implacáveis, e as cartas dos Thénardier a empurravam para baixo, um degrau por vez, rumo à inescapável humilhação dos pequenos roubos e, por fim, à necessidade imperiosa de vender os próprios dentes para um dentista itinerante.

A violência mais e mais fazia seu cotidiano. Tapas, empurrões e, volta e meia, surpreendida pelas vítimas de seus pequenos furtos, uma surra. Por mais que buscasse a escuridão de becos e ruas mais perigosos, por onde a maioria da população sequer pensava passar, a violência de olhares e dedos apontados, do reconhecimento por parte de antigos companheiros de trabalho na fábrica, feria-a de morte. Todos se compraziam em humilhá-la, rir-se dela, agredi-la por palavras ou gestos, as brincadeiras perversas se multiplicando de modo infernal aonde quer que fosse. Não fosse a lembrança de Cosette e o tormento provocado pelo temor de que estivesse sofrendo nas mãos dos Thénardier, sem dúvida poria fim à própria vida. No entanto, por Cosette, e apenas por Cosette, submetia-se, entregava-se à dor surda provocada pelas mãos impiedosas de muitos ou à perversidade de atos extremamente nefandos imaginados por mentes realmente doentias. Tudo se fazia aceitável, suportável, pelo bem-estar da filha distante. Pelo menos até aquele dia em particular, quando novamente seus caminhos se cruzaram com os de um antigo cliente de nome Bamatabois.

Inexplicável. Não conseguia entender mesmo quando se lançou ferozmente sobre ele e pôs-se a golpeá-lo com os punhos, arranhar seu rosto, mordê-lo. Não era apenas Bamatabois. Naqueles instantes de fúria cega e incontida, viu-se novamente frente a frente com todos os homens aos quais se submetera docilmente pelas ruas da cidade.

Relembrou cada gesto e palavra que suportou. Incontáveis mãos apalpando, batendo, machucando-a. A humilhação cotidiana. Indo um pouco mais distante, recordou-se de Victurnien, de Pai Madeleine, dos Thénardier e mesmo de Tholomyès, o mais odioso dentre tantos, pois a ele real e sinceramente amou.

O ódio fazia seu coração bater como nunca antes batera. Achou mesmo que, de um momento para o outro, morreria. O sangue corria velozmente por suas veias que estavam prestes a explodir, seu sangue misturando-se ao de sua infeliz vítima. Enlouquecera. Nada dizia. Urrava e batia. Certamente mataria Bamatabois se, em dado momento, seu braço não tivesse sido violentamente puxado por braço ainda mais forte que, em seguida, lhe enlaçaria a cintura e a suspenderia no ar.

Ainda esperneou e brandiu as mãos ensanguentadas, detendo o golpe ao reconhecer aquele que salvara Bamatabois e a prendera.

Javert. Era Javert.

Reconheceu-o, e um frio intenso espalhou-se pelo corpo inerte em suas mãos poderosas, alcançada em seu ódio por algo ainda maior, indescritivelmente assustador. O olhar de Javert.

Submeteu-se mais uma vez. Cansada. Tomada pelo mais completo temor. Medo. Muito medo.

Javert.

Deixou-se levar por suas mãos, porém, mais que tudo, por aquele irremovível silêncio que não admitia contestação e se apresentava sob a forma de uma pesada ameaça silenciosa.

Nenhuma novidade. Todos se sentiam em território inóspito e ameaçador quando em sua companhia, mesmo aqueles que, ao contrário de Fantine, não faziam parte da criminalidade de Montreuil-sur-Mer. Havia algo de perturbador em sua figura taciturna e esguia. Seus olhares exibiam a frieza insípida da retidão inabalável e, sabia-se, ele vivia por regras de comportamento das mais severas. Qualquer transgressão era uma transgressão e, diante de qualquer uma delas, a sua inflexibilidade era já lendária.

Todos o temiam ou, quando muito, procuravam pôr-se a prudente distância dele. Entre os criminosos da cidade, mesmo aqueles que trafegavam na fronteira cinzenta e pouco visível entre a legalidade e a ilegalidade, como agiotas e receptadores das mais diferentes espécies, em muito poucos anos adquirira uma aura de incorruptibilidade e uma fama absolutamente merecida de ser um perseguidor incansável, capaz de ir a limites extremos para capturar um criminoso.

Contraditoriamente, não era um homem violento e jamais, em tempo algum, pelo menos naqueles anos em que vivera em Montreuil-sur-Mer, ouvira-se qualquer notícia ou mero boato de que maltratara um de seus prisioneiros.

Qualquer criminoso sabia o que podia esperar ao cair em suas mãos, e com Fantine não foi diferente. Ela acompanhou, cabisbaixa e receosa, e, quando ele a abandonou em uma cadeira junto ao fogareiro da delegacia, não se moveu. Protestou inocência, é bem verdade, mas não falou muito e, depois de uns poucos minutos, calou-se, como outros, vencida pelo olhar inflexível, frio como o aço, e por suas palavras duras:

– A senhora sabe que vai passar pelo menos seis meses na prisão, não sabe?

Fantine pensou na filha e desesperou-se.

O que seria de Cosette se passasse tanto tempo sem enviar dinheiro para os Thénardier?

Arrojou-se aos pés do policial. Abraçou-se às suas pernas e suplicou. Mencionou Cosette e suas preocupações de mãe.

– Pensasse nisso antes de se lançar a essa vida de desregramento – foi tudo o que disse Javert, imperturbável, afastando-a vagarosamente com um dos pés, ao mesmo tempo em que gesticulava para que dois soldados a levantassem.

– Por caridade, meu bom comandante, tenha clemência. Minha filha é uma criaturinha inocente e culpa alguma tem dos erros que cometi.

– O que tenho eu a ver com seus problemas, mulher? Cumpro a lei.

– Mas apenas por uma vez, tenha clemência...

– Nunca!

– Mas aquela gente vai jogar a minha filhinha na rua!

– Que Deus se apiede de sua alma infeliz. Eu nada posso fazer a esse respeito.

– Não pode ou não quer?

Javert sinalizou para que a levassem.

Estabeleceu-se verdadeiro pandemônio na delegacia. Fantine, completamente fora de si, esperneava e se debatia, por vezes se engalfinhando com os soldados. Um terceiro soldado se juntou aos companheiros, mas, apesar disso, a confusão fez-se ainda maior, incontrolável.

– Minha filhinha! Minha pobre e indefesa filhinha! – gritava Fantine. – Não deixem que lhe façam mal! Por Deus, protejam a minha filhinha!

Javert recuou para não ser alcançado pelos corpos que iam e vinham de um lado para o outro e, em dado momento, precipitaram-se na direção da porta justamente quando Madeleine entrava, quase o atingindo. Surpreso e vendo Fantine e os soldados engalfinhados a seus pés, ele voltou-se para Javert e ordenou:

– Solte essa mulher, inspetor!

O inesperado de toda situação, provocado por sua aparição repentina, fez com que os soldados soltassem Fantine, que se levantou em um salto, xingando e finalmente cuspindo em Madeleine.

– Por favor, inspetor... – pediu o industrial, retirando um lenço do bolso e limpando o rosto, os olhos indo de Fantine, que se refugiara atrás do fogão, para o policial.

Javert ficou encarando-o silenciosamente por uns instantes. A custo dissimulou seu espanto. Vê-lo ali, o homem mais proeminente da cidade, já era mais do que surpreendente, ainda mais defendendo uma prostituta e ladra.

– Essa mulher trabalhou para mim e bem sei o que tem passado nos últimos meses depois que eu a demiti... – falou Madeleine, os olhos melancólicos e fixos na figura trêmula e ainda assustada de Fantine.

Não, seguramente não era o seu súbito aparecimento que o inquietava. Era algo bem maior, que se manifestava sempre que seus caminhos se cruzavam pela cidade. Nunca entendeu até aquele dia, e isso o irritava. Um pressentimento. Uma sensação peculiar e enervante. Algo nos seus olhos ou nos seus modos, alguma contradição na sua figura maciça e imponente, ainda não sabia dizer.

Seriam as muitas histórias que se contavam sobre ele?

Talvez o mistério que rondava sua origem, perdida ou ignorada em meio ao tanto que se contava sobre ele. Praticamente cada habitante de Montreuil-sur-Mer tinha uma história para contar sobre o grande benfeitor Madeleine. Muitas histórias e poucas verdades, dizia de si para si sempre que se detinha a pensar sobre o assunto.

Profundo apreciador de verdades absolutas e inarredavelmente avesso àquelas versões fantasiosas, não sabia o que pensar ou como definir aquele homem, e isso o deixava sinceramente intranquilo.

Madeleine o incomodava. Não, definitivamente não se via imbuído de preconceitos ou consumido por paixões humanas mais pueris. Nem inveja, nem ressentimento social. Sua riqueza não o incomodava. Era indiferente a aprovação dos outros e pouco lhe interessava a opinião deste ou daquele sobre ele...

Seria aquela desconfiança crescente e irremovível que o consumia desde que Madeleine se tornara o prefeito?

Provavelmente.

Provavelmente era uma falsa impressão, mas era real e o perseguia há bastante tempo, a constatação de que Madeleine o evitava e reunira-se ou o encontrara muito poucas vezes, fosse na prefeitura, fosse em qualquer outro lugar da cidade.

– Mas ela acabou de cuspir no senhor – pretextou.

– O senhor não vê que a pobre mulher está totalmente fora de si e preocupada com a filha? – replicou Madeleine, aborrecido. – Que tipo de ser humano é o senhor que...?

– Apenas um fiel cumpridor da lei, senhor, apenas um fiel cumpridor da lei.

Ficaram calados, entreolhando-se, Javert lembrando-se de um fato ocorrido alguns meses antes e que o inquietara sobremaneira ao ponto de não sair mais de sua cabeça.

A primeira imagem que invariavelmente lhe vinha à mente era do velho Fauchelevent, um antigo tabelião de Montreuil-sur-Mer que durante anos tivera um pequeno comércio e, naqueles tempos, convertera-se em um dos poucos inimigos que Madeleine tinha na cidade. Ela se repete. A imagem é sempre a mesma. Nada se altera. Fauchelevent, o invejoso, o ressentido com o sucesso profissional e pessoal de Madeleine, o inimigo de que todos zombavam e colecionavam anedotas tolas. Aquele que, com o fim de seu comércio, se vira abandonado por mulher e filhos e, para sobreviver, se vira forçado a tornar-se um charreteiro.

O acidente estava ainda vivo na memória de Javert. Certa manhã, o cavalo que puxava a charrete quebrou duas pernas e o veículo tombou sobre o infeliz Fauchelevent. A multidão ajuntou-se rapidamente em torno dele, mas nenhum deles se dispôs ou estava em condições de ajudá-lo a se desvencilhar. Foi neste momento que Madeleine apareceu e, abrindo caminho entre as pessoas, apelou inutilmente para que o ajudassem a tirar o desafeto de baixo da charrete. Chegou mesmo a oferecer dinheiro. Inútil. Ninguém se moveu ou ao menos alegou que nada havia a ser feito...

– A carga é muito pesada, senhor Madeleine, e não temos homens suficientes para sequer movê-la sem correr o risco de esmagar Fauchelevent ou ser esmagado por ela.

Madeleine insistiu. Instigou a cobiça, oferecendo mais e mais dinheiro. O medo foi maior do que a ambição e, mais uma vez, ninguém se dispôs a ajudá-lo. Um ou outro até mesmo se afastou, envergonhado. Mulheres e crianças choravam ao ouvir os gemidos angustiados de Fauchelevent.

– Vou retirá-lo dali! – disse Madeleine, por fim.

– Desista, senhor – disse alguém às suas costas.

Madeleine se voltou e deparou com Javert. Entreolharam-se silenciosamente por certo tempo, antes que o policial concluísse:

– Eu só vi um homem capaz de fazer o que o senhor está se propondo... um condenado.

Hesitação. Uma expressão confusa no rosto pálido de Madeleine surpreendeu Javert.

– Foi na prisão de Toulon – concluiu.

Madeleine mais uma vez olhou ao redor e ofereceu mais dinheiro. Pela terceira vez, a única resposta foi o silêncio ainda mais constrangido da multidão. Buscou Javert com os olhos e pareceu confuso, sem saber o que fazer. Angústia. Dúvida. Outros tantos sentimentos passaram pela palidez do semblante antes que um novo gemido de Fauchelevent o despertasse de seu imobilismo. Assombrados, todos o viram inclinar-se e desaparecer por parcos segundos debaixo do veículo tombado para reaparecer erguendo-o com as costas em tempo suficiente para que outros homens puxassem Fauchelevent.

Difícil esquecer. Tanto Javert quanto a multidão que se formou em torno da charrete e congratulou entusiasticamente Madeleine pelo gesto ensandecido de desprendimento jamais esqueceram aquela cena. Nem a cena e muito menos as palavras que dissera.

– Inspetor...

O chamado de Madeleine o devolveu à realidade do momento na delegacia. Mais uma vez, ele insistia para que soltasse Fantine, e Javert chegou a cogitar desobedecê-lo ou pelo menos questionar a solicitação. Falou mais alto o seu profundo respeito à hierarquia e à autoridade do prefeito que Madeleine inquestionavelmente detinha. Submeteu-se. Mesmo que relutante, deixou que levasse Fantine. Apesar disso, não o tirou da mente e, pelo resto da noite, não pensou em outra coisa. Permitiu-se atormentar com aquela inquietação persistente. Fosse lá por qual motivo, nunca mais parou de pensar em Madeleine depois daquela noite.

*"Morrer não é nada,
horrível é não viver."*

Capítulo 3

As promessas foram muitas, e Madeleine as fez durante muito tempo, quanto maior se fazia sua culpa e quanto mais se agravava o estado de saúde de Fantine. A bem da verdade, os dois pareciam não saber muito bem o que fazer depois que saíram da delegacia.

Fantine estava muito fraca e delirava fracamente. Aqui e ali, sentia-se vítima indefesa de um sonho ruim do qual parecia não ter forças para se libertar. Mal encontrara pernas para dar um par de passos antes de desmaiar nos braços do industrial, que, por sua vez, nervoso e mortificado por uma culpa inacreditavelmente grandiosa, nada fazia além de repetir à exaustão as mesmas promessas que ela ouviria mesmo depois que despertou em um quarto desconhecido.

Definitivamente, não era o cubículo sórdido e malcheiroso onde passara os últimos dias. Um suave odor impregnava-se até mesmo nos lençóis limpos que cobriam seu corpo. A cama, os móveis, as próprias paredes imaculadamente brancas exalavam aquele perfume que reinava onipresente em tudo ao seu redor.

Onde estava?

Madeleine apenas sorriu. Sentado na cadeira em um dos lados da cama, bem à sua frente, aninhou-lhe uma das mãos entre as suas, bem maiores e inesperadamente ásperas, "mãos de trabalhador" ela pensou, hesitando entre retirar sua mão ou submeter-se àquele gesto carinhoso e prolongado; nada disse. As promessas desapareceriam do olhar preocupado dos primeiros dias e apenas retornariam algum tempo depois, quando ele pareceu compreender ou acreditar que ela estava em condições de entender o que dizia.

– Eu sou Madeleine... – ele se apresentou em uma certa tarde, quase como que querendo se desculpar por culpas que ela mesma lhe atribuíra ao longo daqueles meses de sofrimento e humilhações nas ruas da cidade.

– Sei bem quem é, senhor Madeleine...

O peso de sua afirmação, o reconhecimento ainda perpassado de um evidente rancor, fez o homem encolher-se, mortificado. Foi mais ou menos neste dia que ele voltou a fazer suas promessas. Mencionou Cosette incontáveis vezes. O tempo todo a encontraria em suas promessas, e Cosette estaria nas mais generosas ou nas mais absurdas.

Fantine não compreendia. Mesmo ela, aos poucos, começou a considerar exagerada aquela culpa irremovível nas palavras, mas, sobretudo, nos gestos de Madeleine. Ele vinha todos os dias, quase sempre ao fim do dia, e as repetia, ou por imaginar que ela, ainda bem debilitada, não o ouvia ou, mais acertadamente, que não acreditasse no que prometia. Razões não lhe faltavam, era o primeiro a admitir.

Além de todo o tempo que passara nas ruas à mercê de toda sorte de infortúnio, contribuía para a desconfiança permanente o silêncio sempre que perguntava pela filha. O próprio Madeleine sentia-se inquieto e incomodado pela ausência de respostas dos Thénardier, principalmente depois de lhes enviar sucessivos pagamentos para alegados débitos contraídos por Fantine com o casal. Depois de várias respostas evasivas e todo tipo de pretextos, o casal simplesmente parou de enviar qualquer resposta, e o silêncio inquietou Madeleine, pois começou a contaminar a frágil recuperação de Fantine.

Seu estado de saúde inspirava cada vez mais cuidados, e Madeleine acreditava que uma das razões, se não a única, era a ausência de notícias da filha. Nem mentiras tranquilizadoras, assegurando que a menina já estava a caminho e que, em breve, as duas se encontrariam, serviram para diminuir a febre crescente e devastadora que se apossou dela. O próprio médico que cuidava dela desde que Madeleine a trouxera não lhe deu muitas esperanças de que sobrevivesse.

– O estado dela é irreversível – foram suas últimas palavras, quase uma sentença de morte, avaliou Madeleine, que, naqueles dias, lidava com outras preocupações.

Javert estava em seu encalço. Os boatos e mexericos chegavam aos seus ouvidos trazidos por amigos e até por funcionários da fábrica. Fosse por causa de sua intervenção na prisão de Fantine e a posterior soltura dela, fosse pela desconfiança que apenas crescia desde o episódio com o carroceiro Fauchelevent, o policial lançara quase todos os seus comandados à procura de informações sobre o industrial, tanto pela cidade quanto por outros lugares distantes, como Toulon e Paris. Tornara-se uma obsessão para Javert. Dizia-se que insistia que Madeleine era, na verdade, um antigo prisioneiro da tenebrosa prisão de Bicêtre, que conhecera durante os anos em que estivera em Toulon. Muitos asseguraram que nem as notícias dando conta da prisão de Jean Valjean e o seu reconhecimento por dois antigos companheiros de cela serviram para arrefecer seu interesse em Madeleine. Inconformado e ainda mais determinado, abdicara de tudo mais entre as muitas funções a ele atribuídas na cidade para se dedicar a Madeleine.

Em certa medida, a observação era mútua, e o interesse, comum. Não nos primeiros tempos dele na cidade. Antes de se tornar prefeito, poucas vezes tinham cruzado o caminho um do outro e acreditava que não despertara a atenção e o interesse de Javert. Não passava de mais um milionário de hábitos excêntricos que distribuía parte de sua grande fortuna entre funcionários e os desfavorecidos da cidade como forma até de expiar algum sentimento de culpa, já que sua riqueza advinha da exploração daquela gente. Pairava calmamente sobre o desinteresse do policial, naqueles anos iniciais mais ocupado com o subproduto criminoso da prosperidade de Montreuil-sur-Mer, seus incontáveis proxenetas, arruaceiros e ladrões de toda espécie. Tudo se transformou quando Madeleine tornou-se prefeito. Isso aproximou a ambos e, desde o princípio, Madeleine desagradou-se de tal proximidade.

Havia algo de incômodo e profundamente perturbador na figura esguia e pálida de Javert. Mesmo que inconscientemente, evitou-o sempre que possível, mesmo que não soubesse bem o porquê, e tal gesto apenas foi se repetindo. Certamente os comentários de outros influenciaram seu gesto. Dizia-se, e todos sabiam que não havia nenhum exagero no que se dizia, que Javert era um caçador implacável e que nenhum criminoso lhe escapara quando se tornou alvo de perseguição por parte dele. Incorruptível e ferozmente aferrado ao cumprimento da lei, sem nenhum tipo de concessão ou complacência, deveria ser tratado com escrupulosa distância por qualquer criminoso, não importava de que classe social fosse. Perseguiria indiferentemente ricos e pobres se cometessem um crime, e qualquer crime, por menor que fosse, mereceria castigo exemplar se dependesse apenas de seu julgamento. Para ele, criminosos eram criminosos, e ponto final.

Em outras palavras, Javert era um homem a ser respeitado por suas convicções e temido por levá-las aos extremos mais absolutos, algo que, contraditoriamente, o aproximava de Madeleine.

Sua consciência não o deixava em paz desde que soubera que um homem chamado Champmathieu fora preso ao ser identificado como Jean Valjean. Remorso. Um grande e invencível remorso tomou conta dele ao saber da prisão de um homem que seria devolvido à Bicêtre ou presídio ainda pior e mais tenebroso por conta de um crime que não cometera.

Não era justo, e Madeleine remoía um remorso crescente, a consciência perseguindo-o tão forte e absolutamente quanto Javert. Não obstante preocupar-se com a filha de Fantine e com o destino tanto dela quanto dos muitos operários da fábrica na eventualidade de voltar a ser preso, o que, em várias ocasiões, o fazia crer ou tentar justificar o seu silêncio diante do destino de Champmathieu, considerando-o necessário, retornava sempre àquela culpa crescente.

Maldita consciência!

Ela não o deixava em paz. Odiou mais uma vez Javert. Enfrentava sua consciência por culpa dele. Talvez Champmathieu não estivesse preso se ele, movido por suas suspeitas, não tivesse denunciado Jean Valjean à Chefatura de polícia em Paris...

– Foi há seis semanas, senhor prefeito, e eu sinceramente lamento... – principiou Javert algum tempo antes, quando entrou em sua sala na prefeitura e admitiu que o havia denunciado. – Confesso que me irritei quando o senhor me obrigou a libertar aquela mulher...

O esforço de Madeleine foi extremo para dissimular o verdadeiro pânico que se instalou em seu coração no momento em que ouviu tal revelação.

– Como é isso, inspetor? – gaguejou.

– Jean Valjean era o nome do condenado que conheci em Toulon tempos atrás – admitiu o policial. – O senhor é extraordinariamente parecido com ele. A semelhança física, sua força. Não sei o que deu em mim, mas, depois do episódio em que o senhor ergueu a carroça para salvar Fauchelevent... Sabe, o senhor até arrasta a perna como ele. Incrível!

– Jean o quê?

– Jean Valjean. Era um prisioneiro em Bicêtre.

– E o senhor disse que me pareço com ele?

– Muito. Eu o conheci há vinte anos, quando ainda era ajudante do carcereiro na prisão. Ele foi solto...

– Então...

– Mas recaiu na vida de crimes. Tenho informações de que roubou um bispo e há oito anos é procurado.

– O senhor me denunciou...
– Exatamente.
– ... porque acreditou que eu fosse esse foragido?
– Lamentavelmente.
– E veio me prender?
– De modo algum, senhor prefeito!
– E que fim levou a sua denúncia?
– Fui tachado como louco por meus superiores.
– Verdade? Por quê?
– Disseram que o tal Jean Valjean havia sido preso...
– E foi?
– Dois antigos companheiros de prisão o reconheceram, e eu mesmo fui até ele para confirmar...
– E?
– Era ele mesmo, senhor prefeito.
– E que fim levou o tal Jean Valjean?
– Ah, a justiça é implacável em casos como o desse biltre. O homem é reincidente e, como tal, será condenado à prisão perpétua. O pior é que ele insiste em se dizer inocente...
– Como assim?
– Ele insiste que não é Jean Valjean. Inútil. É ele mesmo. As provas são abundantes, e eu mesmo irei até Arras para testemunhar contra ele.

Javert desculpou-se e insistiu que deveria ser exonerado por conta do erro cometido ao acusar Madeleine. Por mais que Madeleine alegasse que nada faria e o escusasse, alegando apenas que, se culpa houvesse, seria a de excesso de zelo por parte do policial, Javert continuou insistindo. Madeleine sequer prestava atenção em suas palavras, a mente tomada por um crescente e irremovível sentimento de culpa.

Champmathieu. O nome não lhe saía da cabeça.

Um homem seria condenado por crimes que não cometera. Não poderia permitir. De maneira alguma. Ele, que por tantos anos se escondera atrás da identidade de Madeleine, era o verdadeiro Jean Valjean, e, se havia crime do qual fosse culpado, a condenação deveria recair sobre seus ombros, e não sobre os de um inocente. Por fim, chegou à conclusão de que nada lhe restava de mais decente a fazer do que desmascarar a si mesmo e salvar Champmathieu.

No final da tarde do dia seguinte, foi mais uma vez visitar Fantine e, interrogado sobre o destino de Cosette, assegurou que a menina muito em breve chegaria. Em seguida, alugou um cavalo e um tílburi, veículo leve, adequado a viagens em grande velocidade, e partiu para Arras o mais depressa possível.

Experimentou ainda uma noite intranquila, quando, em várias ocasiões, duvidou da correção de sua própria decisão. Pensou em Fantine e no compromisso assumido de restituir-lhe a filha, mesmo que por muito pouco tempo; o estado de saúde dela piorava a olhos vistos, e ele acreditava que as duas não teriam muito tempo juntas. Voltou a temer pelo destino da fábrica, mais ainda de seus funcionários e da própria Montreuil-sur-Mer. Por certo tempo, resolvido a contrariar aquele desejo inicial de salvar Champmathieu, desfez-se de tudo o que pudesse relacionar a Jean Valjean e a seu passado criminoso. Seriam os castiçais de prata que Bienvenu lhe dera muitos anos antes, salvando-o da prisão, que lhe restituiriam a justeza de sua decisão de viajar para Arras e salvar Champmathieu.

Ainda era noite quando partiu. O trajeto não se faria absolutamente tranquilo e, em mais de uma ocasião, forçado a atrasar-se ou enfrentando dificuldades para prosseguir viagem, chegou a crer que era uma intervenção divina e que melhor faria em desistir de seu intento, ignorar o destino de Champmathieu e retornar a tudo de bom que Madeleine fizera ao longo dos últimos oito anos, mas, acima de tudo, às responsabilidades que tinha com muitos outros, a começar por Fantine. Apenas sua consciência inabalável e a certeza de que não deveria se fazer cego ao destino de um inocente o levaram a prosseguir. Mesmo chegando em Arras, ainda encontraria um obstáculo final ao não conseguir entrar no tribunal lotado da cidade. Valeu-se de sua condição de prefeito de Montreuil-sur-Mer e instalou-se no local destinado às autoridades locais.

Angustiou-se desde o início do julgamento de Champmathieu. À medida que este transcorria, as poucas esperanças que ainda alimentava de que escapasse sem a sua intervenção foram se desfazendo feito fumaça diante do testemunho absolutamente assertivo de Javert e dos três ex-condenados que o reconheceram como Jean Valjean.

Estava em um beco sem saída. As opções, se é que realmente haveria alguma que não envolvesse seu próprio sacrifício, perdiam-se na sala de audiência, no burburinho eletrizado e tenso que se repetia depois de cada depoimento. Champmathieu não tinha a menor chance de escapar à condenação que se avizinhava, à medida que não restava a menor dúvida de que ele era o famigerado Jean Valjean.

– Não! – em dado momento, premido pelo remorso antecipado diante da condenação injusta, Jean Valjean levantou-se e gritou. Ao espanto e ao silêncio que se seguiu, bateu forte e repetidamente no peito, assegurando: – Vocês estão julgando o homem errado. Eu sou Jean Valjean! Eu sou Jean Valjean!

Continuou em pé e olhando ao redor, ignorou os protestos dos rostos enfurecidos que se erguiam da multidão, bem como os punhos cerrados que brandiam ameaças contra sua inopinada intromissão. Entre tantos, o rosto impassível, porém vulpino, de Javert destacou-se, silencioso, mas extremamente atento. Ele não saiu do lugar. Continuou sentado, ouvindo, os olhos fixos naquele homem que até então tinha como Madeleine, o próspero industrial e muito sábio prefeito de Montreuil-sur-Mer, enquanto este se digladiava furiosamente contra as evidências que estavam prestes a condenar Champmathieu.

Palavras ferozes e uma oratória inflamada desqualificaram ponto por ponto o testemunho dos três ex-condenados e precipitaram-se questionadoramente sobre os motivos de Javert ter reconhecido o infeliz que estava sendo julgado quando ele apresentava mais de uma prova, todas absolutamente contundentes, de que era o verdadeiro Jean Valjean. Apesar de não acreditarem completamente nele, instalou-se um grau tão absoluto de dúvida entre os presentes que, por fim, todos se viram propensos e efetivamente absolveram Champmathieu.

Jean Valjean era um homem cansado e trêmulo quando se esgueirou precipitadamente para fora do prédio e saiu de Arras. Uma tensão absurda consumira-lhe as forças de tal maneira que mesmo seus cabelos se tornaram brancos. Voltando mais uma vez para Montreuil-sur-Mer, rumou para o hospital, mas, acima de tudo, para junto de Fantine.

Não pensou em mais nada. Ela era sua responsabilidade. Mesmo que pouco ou nada pudesse fazer para salvar-lhe a vida, restava a promessa feita de resgatar sua filha, a derradeira maneira de expiar uma culpa persistente com relação ao destino da ex-funcionária. Não se sentiria bem consigo se ela morresse sem que pelo menos soubesse que a filha estava segura e longe daqueles que certamente estavam fazendo mãe e filha sofrer.

– Eu tive de mentir para a pobre mulher na última vez em que ela despertou e perguntou pelo senhor – confessou Irmã Simplice, a freira que ele incumbira de zelar pelo que restava de vida a Fantine. – Disse que o senhor havia partido para trazer a filha dela de volta...

Sequer teve tempo de remoer-se de culpa por ter levado a religiosa a mentir e muito menos para dizer qualquer coisa, pois, um pouco depois de sua chegada e enquanto buscava tranquilizar Fantine, os olhos dela arregalaram-se e um grito apavorante desprendeu-se de seus lábios.

– Não deixe que ele me leve, senhor Madeleine!

Valjean voltou-se e deparou-se com Javert, à frente de alguns soldados, entrando no quarto.

Por um instante, nem um nem outro disse coisa alguma. Pareceu desnecessário para ambos.

Jean Valjean limitou-se a virar-se mais uma vez para a jovem moribunda e sorriu, tranquilizador.

– Fique tranquila, minha querida – disse. – O inspetor não está aqui por sua causa.

Javert aproximou-se. Imperturbável e calmo, seus olhos foram de Fantine para Valjean, antes de fixar-se nele.

– Levante-se, Jean Valjean! – grunhiu, autoritário. – Temos de ir...

Os olhos de Fantine foram do inspetor para aquele que ela conhecia única e tão somente como Madeleine. Perplexidade. Não compreendia. Perguntas apareciam em seus olhos opacos e febris, os lábios trêmulos buscando inutilmente dizer umas poucas palavras que teimavam em se fazer incompreensíveis, prisioneiras de uma debilidade crescente e invencível.

– Senhor prefeito... – balbuciou, amedrontada, agarrando-se às mãos de Valjean quando ele se levantou.

Javert intrometeu-se entre os dois e, sorrindo desdenhosamente, resmungou:

– Prefeito? Que prefeito? Não há mais nenhum prefeito aqui, mulher idiota!

Valjean prendeu as mãos de Fantine entre as suas e, virando-se para Javert, apelou:

– Por favor, inspetor...

– Apresse-se, homem! Eu não tenho o dia inteiro – rugiu Javert.

– A pobre mulher não resistirá por muito mais tempo...

– E que tenho eu a ver com isso?

– Conceda-me apenas três dias.

– A troco de quê?

– Eu me comprometi a trazer a filha até ela...

– Nada tenho a ver com as suas promessas. Além disso, por que tipo de idiota me tomas?

– Como assim?

– Acredita mesmo que eu lhe daria qualquer oportunidade de fuga?

– Eu não pretendo fugir.

– E espera mesmo que eu acredite nisso?

Fantine apertou ainda mais forte e desesperadamente a mão de Valjean e suplicou:

– Por favor, senhor prefeito, salve a minha filhinha. O senhor prometeu... o senhor prometeu...

Javert irritou-se:

– Cale essa boca, mulher! Não existe mais nenhum prefeito aqui, mas apenas um criminoso, um ladrão procurado...

Fantine xingou-o e, desesperada, em um gesto de imenso desespero, levantou-se e lançou-se contra Javert.

– Minha filhinha... minha filhinha... – balbuciava, mãos crispadas, agarrando-se ao policial.

Javert empurrou-a. Valjean acolheu-a em um abraço angustiado. Ela virou-se e, encarando-o, repetiu várias vezes o nome de Cosette antes de insistir:

– O senhor prometeu... o senhor prometeu que a traria para mim... o senhor prometeu...

Em dado momento, cambaleou em direção à porta, como se buscasse sair e ir no encalço da filha, e tropeçou nos soldados e na Irmã Simplice, que se apressou em agarrar-se a ela e tentar devolvê-la à cama.

– Meu Deus... – gemeu a freira, angustiada, quando Fantine escapou-lhe das mãos e estatelou-se na cama, a cabeça batendo fortemente contra a cabeceira. Inclinou-se e, depois de tatear repetidamente o corpo inerte, virou-se para todos às suas costas e acrescentou: – Ela está morta...

Jean Valjean transtornou-se. Desvencilhando-se das mãos dos soldados que se lançaram sobre ele com um forte repelão, recuou na direção de uma segunda cama a um canto e, valendo-se de sua força descomunal, arrancou uma das barras de ferro da cabeceira, lançando-se sobre Javert.

– Você a matou, seu covarde! – trovejou, xingando-o repetidamente e brandindo a barra de ferro contra os soldados, que mais uma vez tentavam subjugá-lo.

Tanto eles quanto Javert recuaram, apavorados, colocando-se entre ele e a porta que dava para o corredor.

– Não deixem que fuja! – gritou, pálido e assustado, entrincheirando-se entre os soldados. – Atirem se...

Emudeceu, entre confuso e ainda assustado, ao ver Jean Valjean deixar a barra de ferro cair e prostrar-se diante do corpo sem vida de Fantine ainda estirado na cama.

– Desculpe-me, minha querida... desculpe-me... – disse várias vezes. – A culpa foi minha, minha... a culpa foi minha...

Ajeitou-lhe os cabelos com os dedos e carinhosamente colocou-os para dentro da touca que usava na cabeça, um carinho extremo que se estendeu à maneira como ajeitou-a no travesseiro e amarrou o cordão de sua camisola antes de estirá-la na cama.

Pasmos, nem Javert nem os soldados ousaram se aproximar. Continuaram estáticos, provavelmente esperando o próximo gesto do gigante à sua frente e sem esconder certa surpresa quando ele endireitou o corpanzil e, olhando-os melancolicamente, disse:

– Nada tenho a fazer por ela aqui. Podemos ir.

Ele deixou-se levar sem esboçar a menor reação ou demonstrar a mínima intenção de reagir à prisão. Aparentemente, pouco se importava com seu destino depois de sair do quarto de Fantine. Depois que ela morreu, o antigo industrial entregou-se a um silêncio constrangedor que resistiu mesmo aos muitos boatos que começaram a cercar sua pálida figura. Enquanto muitos se impressionavam com a melancolia que o vitimara, provavelmente corroído pelo remorso dos crimes que cometera ao longo da vida, bem como a culpa que parecia sentir pela morte de Fantine, diagnosticando que, mais dia, menos dia, poderia se matar, outros asseveravam que figura tão esperta e astuciosa não alimentava tais sentimentos e poderia estar apenas fingindo à espera de melhor oportunidade para, mais uma vez, escapar da prisão. Aliás, tal opinião começou a prevalecer entre a gente de Montreuil-sur-Mer nos dias que se seguiram ao seu confinamento, ainda mais depois que se soube do desaparecimento de vultosa quantia que o industrial e prefeito guardava no Banco Lafitte. Em pelo menos uma ocasião, ele tentara e conseguira fugir, sendo apanhado apenas quando procurava embarcar em uma carruagem para Montfermeil; dizia-se que, nos três ou quatro dias em que estivera foragido, recebera a vultosa quantia e a escondera em algum lugar onde se recusara obstinadamente a informar, mesmo sabendo que ela de nada lhe serviria por estar condenado à prisão perpétua nas galés de Toulon.

*"É muito fácil ser bom;
Difícil é ser justo."*

Capítulo 4

Nada é para sempre. Tudo e todos são passageiros, a começar por cada um de nós. A existência humana é breve e fadada ao esquecimento. Poucos sobreviverão a si mesmos, e as lembranças se diluirão no esquecimento à medida que o tempo for passando. Nem mesmo a maledicência e o interesse maior que provocam os maus sentimentos ou a mesquinharia que nasce do irreparável da inveja nos garantem um pouco mais de tempo na lembrança da maioria. No entanto, nem mesmo Jean Valjean, ou pai Madeleine, como viria a ser conhecido por longos e profícuos anos pela gente de Montreuil-sur-Mer, logrou tanto sucesso e, pouco depois de retornar às galés em Toulon, o bem que efetivamente fez e o mal que lhe atribuíram assim que foi desmascarado se perderam pelas ruas mais uma vez sonolentas da pequena cidade. Tudo foi esquecido. Tudo se perdeu em prol de novos fatos e nomes.

Assim é a existência humana, não é mesmo?

Todos os principais personagens daquele pequeno drama que se desenrolou na cidade ainda permaneceram na lembrança espúria de uns poucos, a começar por Valjean, ainda querido pelos operários da fábrica que, por oito anos, lhes deu uma vida digna e respeitável, mas que definhava a olhos vistos depois de sua prisão. Fantine era uma sepultura praticamente anônima no único cemitério de Montreuil-sur-Mer, sepultamento pago pelo próprio industrial, nada além. Da pobre Cosette, apenas Irmã Simplice ainda recebeu alguma notícia por meio de cartas que os Thénardier enviaram ainda por certo tempo antes de saberem que Fantine morrera. A própria religiosa se desobrigou de obter mais informações sobre a menina. Javert retornaria à rotina de um zeloso e incorruptível cumpridor das leis, temido pela criminalidade local e talvez o único que, de tempos em tempos, buscava informações sobre Jean Valjean, nem ele sabendo muito bem o porquê.

Nada mais se soube ou se falou sobre a vultosa quantia desaparecida dos cofres do Banco Lafitte, terreno fértil para toda sorte de boatos e histórias, algumas verdadeiramente extraordinárias, nada realmente comprovável.

Os mais maledicentes atribuíam o desaparecimento aos próprios funcionários do banco. Aproveitando-se da prisão de Valjean e certos de que ele jamais sairia vivo da cadeia, apossaram-se da fortuna que amealhara ao longo dos oito anos do funcionamento de sua fábrica e outros empreendimentos em Montreuil-sur-Mer. Outra versão muito apreciada assegurava que Valjean, certo de sua prisão e mortificado pelos crimes cometidos, destinara a fortuna constituída a partir de uma mentira e outros tantos crimes (cuja quantidade e gravidade só fazia aumentar tanto em quantidade quanto em crueldade com o passar dos anos) a alguma instituição religiosa ou mesmo aos funcionários mais devotados de sua fábrica. A mais fantasiosa, sem sombra de dúvida, associava o dinheiro a uma generosa pensão que enviara para a filha de Fantine e que lhe permitia viver confortavelmente em algum lugar nos arredores de Paris. Portanto, é fácil perceber que muito se dizia e igual quantidade se contava e se espalhava pela cidade, nada passível de comprovação e, menos ainda, de aceitação.

Assim viveria Montreuil-sur-Mer por muitos e muitos anos, à sombra da figura misteriosa de Jean Valjean, até que finalmente cada sinal de sua existência e passagem pela cidade tivesse se perdido no esquecimento.

*"Em todas as suas provações, sentia-se alentado
e, às vezes, impelido por uma oculta força
que de dentro lhe vinha. A alma ajuda o corpo e chega
mesmo algumas vezes a ampará-lo.
É a única ave que sustenta a gaiola em que está encerrada."*

Capítulo 5

Em uma manhã cinzenta e fria em meados de novembro, o Arsenal de Toulon fervilhava de gente em tensa e angustiante expectativa. Apesar de haver outras tantas embarcações ali atracadas, todos os olhos estavam voltados para uma apenas: o Órion, que chegara dias antes com sérias avarias e se preparava para levantar âncoras.

A tripulação se esfalfava desde as primeiras luzes de um novo dia, e seu comandante esperava retornar ao mar ainda no final da tarde. O vaivém era barulhento, e a intensa movimentação assoberbava a todos. Enquanto um numeroso contingente se desdobrava em mais uma vez devolver a carga que transportavam para seus porões, um grupo menor escarranchava-se nos mastros e dependurava-se agilmente no cordame, esforçando-se para prender as velas. Ventava desde o amanhecer, o que agravava a dificuldade inerente a tão custosa e arriscada tarefa. A confusão aumentava na mesma proporção da impaciência e da irritação do capitão e seu imediato, que iam e vinham pelos conveses, gritando ordens e mesmo empurrando aqueles que julgavam lerdos ou relapsos.

– Isso não vai acabar bem – vaticinou um dos muitos que se aglomeravam pelas docas, acompanhando as idas e vindas da tripulação tão ou mais aborrecida do que seus comandantes.

Outros concordaram silenciosamente, muitos bastante contrariados com a maneira como os tripulantes eram tratados. Consciente ou inconscientemente, seus olhos foram pouco a pouco se voltando para aqueles que se arriscavam no alto dos mastros. Tensão crescente. Nervosa. Olhares apreensivos, trocados até por homens experientes, acostumados à vida a bordo de navios como aquele. O vento frio, forte e persistente se fazia um inimigo a mais, dos mais temíveis, e, em pelo menos uma ocasião, quase derrubou um dos marinheiros pendurados no cordame do Órion.

A situação era extrema e de tal periculosidade que atraiu até mesmo a atenção de muitos condenados das galés que cumpriam suas penas nas dependências do Arsenal. Mesmo arriscando-se a serem vitimados pela violência dos guardas, um ou outro volta e meia parava e se detinha a observar até que um golpe mais contundente do porrete de um dos guardas o devolvesse ao trabalho.

– Vejam! – gritou um dos observadores no momento em que avistou um dos marinheiros encarregados de prender a extremidade da grande vela de estibordo despencar no vazio e ficar preso a uma das cordas.

A multidão acorreu, pasma e interessada, mas, passados os momentos iniciais de preocupação, nenhum dentre tantos se dispôs ou se viu capaz de fazer algum movimento ou gesto com o objetivo de salvar o infeliz que suplicava e se agitava, dependurado por uma das pernas praticamente acima da cabeça de todos.

– Pobre infeliz! – choramingavam alguns, desenganando o marinheiro. – Vai morrer...

Outros, mais revoltados, protestavam e se agitavam, a irritação voltando-se para o comandante do Órion, a quem clamavam por alguma atitude, naturalmente que salvasse a vida de seu tripulante.

Inútil. Ninguém arredou pé de sua perplexidade e impotência. Ninguém se movia. Suspenso no ar, o corpo arremessado de um lado para o outro pelo próprio medo, sobretudo pela violenta ventania, o marinheiro sequer gritava mais, provavelmente conformado com o destino que o esperava com a queda e o impacto contra a correnteza gélida e ruidosa que se chocava barulhenta contra as docas.

De repente, um dos prisioneiros das galés que se encontravam a bordo do Órion adiantou-se a seus companheiros e, achegando-se ao comandante dos soldados que os escoltavam, pediu:

– Deixe-me tentar salvá-lo, senhor.

– O quê? – surpreendido pelo inusitado do oferecimento, o soldado, por uns instantes, ficou apenas encarando-o.

– Eu queria tentar salvar o marinheiro – insistiu o prisioneiro.

– A troco de quê?

– Ele precisa ser salvo, senhor.

– E você quer fazer isso?

O prisioneiro, que, além de vestir o uniforme vermelho comum aos de sua condição, usava um barrete verde que o identificava como um condenado à prisão perpétua, contrapôs:

– Não vejo ninguém mais se oferecendo para fazê-lo...

O soldado hesitou por uns instantes, titubeando entre atender-lhe o pedido e, ao mesmo tempo, temendo que não passasse de uma artimanha qualquer para escapar de alguma forma, algo até esperado em se tratando de homens como ele.

– Por que me toma?

– Senhor?

– Pensa que sou tolo de deixá-lo fugir?

– Não pretendo fugir, senhor. Aliás, como poderia? Por onde escaparia?

Novo silêncio, e o soldado voltou a ponderar:

– Isso não vai alterar nada em sua vida. Sabe disso, não?

– Perfeitamente.

– Não sei, não...

– Aquele infeliz espera que alguém o salve ou pelo menos tente. O senhor vai me impedir?

O soldado, por fim, concordou, soltando-o da corrente que lhe dificultava os movimentos e autorizando-o a subir pelo cordame das velas, o que ele mais do que depressa o fez. Era Jean Valjean.

Indo de uma corda para outra, finalmente alcançou a verga da vela de estibordo e, de volta ao cordame, escorreu até o marinheiro. Cingindo-lhe o corpo com uma corda, esgueirou-se para o alto da vela até chegar à gávea, onde se ajeitou com extrema facilidade. A partir dali, puxou-o e, em muito pouco tempo, ajeitou-o confortavelmente até que outros marinheiros apareceram e levaram o companheiro para baixo.

– Perdoem! Perdoem! – gritava a multidão, entre entusiasmada e aliviada, solicitando a liberdade imediata para Jean Valjean, fosse qual fosse o crime de que fora acusado e pelo qual lhe haviam condenado.
– Ele acabou de salvar a vida deste homem. Merece a liberdade.

– Uma vida por outra vida! – diziam outros, ainda mais eufóricos.

A multidão tornou-se incontrolável, e a gritaria, infernal. Preocupados com o entusiasmo que também alcançara os outros prisioneiros e os misturava em uma celebração fora de controle aos marinheiros, os guardas que os vigiavam iam e vinham e só se lembraram de Jean Valjean quando todos se calaram, um silêncio ainda mais apavorante, seus olhos alcançando o corpo que despencava do alto do mastro e desaparecia entre as ondas do mar.

Praticamente no mesmo instante, vários homens se lançaram em seu encalço e se esforçaram para resgatá-lo. Inútil. Ele simplesmente desapareceu. Muitos, mesmo acreditando que nem um homem de tão extraordinária força e agilidade seria capaz de sobreviver à queda e à violência das ondas que golpeavam as docas naquele dia, insistiram ainda em prosseguir com as buscas.

– Ele merece pelo menos um enterro decente – afirmavam, acreditando que seu corpo ficara preso entre as estacas da ponta do Arsenal de Toulon.

Busca infrutífera e, por fim, abandonada depois de certo tempo. Nem o menor vestígio de seu corpo foi encontrado. Ele simplesmente desaparecera.

O prisioneiro inscrito sob o número 9430 e conhecido pelo nome de Jean Valjean esteve nas primeiras páginas dos jornais da região e chegou mesmo a frequentar as páginas de outros tantos de Paris semanas mais tarde, mas, com o tempo, perdeu-se no vórtice constante e sedento de novidades de que são feitos todos os incontáveis cotidianos deste mundo. Converteu-se em notícia velha ou, quando muito, em citação das mais breves em discursos realizados por intelectuais de bom coração, ciosos em apresentar a alma humana como inerentemente benigna, ou de políticos interessados em endurecer ainda mais as leis do país, prova de que até os piores criminosos, depois de passar certa temporada nas prisões francesas, voltavam a ser cidadãos honrados e produtivos para a coletividade. Por fim, tanto um lado quanto o outro o relegaram ao mais completo esquecimento. Notícia velha de um local mais ou menos remoto.

Jean Valjean esperou pacientemente que os dias passassem e que sua notoriedade se esvaísse no dia a dia. Aliás, tudo se fizera bem vagaroso depois daqueles acontecimentos no Arsenal de Toulon. Mal acreditara. Tudo acontecera depressa demais, inesperado o bastante para que não planejasse rigorosamente nada e agradecesse a Deus pelo infortúnio do marinheiro cuja vida salvara no Órion.

Como poderia esperar pelo acidente no qual salvara a vida do pobre homem?

Consumido pelo remorso que o acometia por não ter sido capaz de cumprir a promessa feita a Fantine, passara todo aquele tempo depois de sua nova condenação pensando em uma nova fuga, algo que lhe permitisse escapar e ir atrás de Cosette em Montfermeil. Mesmo nos dias de maior fadiga e trabalho quase desumano nas galés de Toulon, não passara um único dia sem se entregar a planos e projetos dos mais diversos e cada vez mais desesperados para fugir e ir cumprir sua promessa.

Cosette. Cosette...

O nome não lhe saía da cabeça. Cada palavra de sua promessa a Fantine se repetia de maneira infernal em sua cabeça. Mal dormia, e, não fosse a sua extraordinária força física e, acima de tudo, sua obstinação, já teria sucumbido a tanta angústia e desespero. Nada mais importava depois que fora preso pela segunda vez já nos limites de Montfermeil e nada importaria se, depois de outra fuga, fosse condenado à morte, desde que Cosette estivesse sã e salva.

A promessa feita a Fantine era outro fardo em sua consciência e pesava tanto ou mais do que a promessa que fizera muitos anos atrás a Bienvenu. A providência divina viera em seu socorro, não tinha a menor dúvida, quando viu aquele marinheiro pendurado no cordame do Órion.

Não pensou duas vezes. Diante do temor e da hesitação tanto daqueles que observavam na multidão quanto da tripulação da embarcação, ofereceu-se para resgatá-lo. O medo diluiu-se em fração de segundos em sua cabeça enquanto subia pelas cordas e se equilibrava nos mastros. Sequer pensou nos riscos ou mesmo que poderia morrer ajudando o marinheiro ou despencando do alto dos mastros.

De que lhe serviria viver cada um daqueles dias de sofrimento interminável na prisão, morrendo à míngua ou se atormentando até a mais completa loucura por ser incapaz de cumprir a promessa feita a Fantine?

Desconhecia dor maior e mais absoluta do que aquela que o perseguiria até o último de seus dias ao imaginar os tormentos que Cosette passava nas mãos dos Thénardier.

Resgatado o marinheiro, viu aberta mais uma vez para si a possibilidade de fuga e de cumprimento da promessa. Não pestanejou e jogou-se do alto do Órion para as águas turbulentas. Quase se afogou. Completamente zonzo e jogado de um lado para o outro pela força da água extremamente fria, chocou-se algumas vezes contra os pilares das docas antes de alcançar ou ser alcançado pela correnteza que o arrastou para fora do porto e, depois de quase uma hora, para uma das praias no ponto mais ermo da costa. Refugiou-se em uma caverna e, nos seis meses posteriores, esperou pacientemente que toda a notoriedade provocada por seu gesto no Órion caísse no esquecimento.

A noite tornou-se sua principal companheira. Na verdade, a única. Novas roupas foram providenciadas pelo proprietário de uma estalagem, acostumado a abrigar e ajudar prisioneiros das galés em fuga. Por mais que sofresse pensando em Cosette, obrigou-se a esperar pacientemente. Teve tempo mais do que suficiente para planejar e para sofrer vitimado pelas lembranças dos oito anos de felicidade que gozara nas ruas de Montreuil-sur-Mer. Lembranças que se prestaram ainda mais a fazê-lo infeliz e desesperar-se na ânsia de resgatar Cosette.

Dinheiro não seria problema. Retirara-o de sua conta no Banco Lafitte e, antes de ser preso, em sua primeira tentativa de cumprir a promessa feita a Fantine, tivera tempo de escondê-lo em um bosque, nas imediações de Montfermeil. A oportunidade veio finalmente quando leu, em um jornal de Paris, a notícia de seu ato de heroísmo no porto de Toulon e de seu desaparecimento e provável morte.

Abandonou seu esconderijo e, em uma cidade vizinha, comprou um vestido preto, de luto, para uma menina e embarcou em uma carruagem para Montfermeil. Por mais que se sentisse ansioso, controlou-se. Mesmo durante a viagem, já sabia que teria de fazer tudo cuidadosamente. Pelo que Fantine lhe dissera e, sobretudo, pelas cartas que os Thénardier enviaram para ela, sabia que lidava com gente gananciosa e sem o menor escrúpulo. O modo como chantagearam a pobre Fantine e a levaram primeiramente à miséria e depois à prostituição não deixava dúvida de que deveria ser extremamente habilidoso para que o casal de avarentos não se julgasse no direito de cobri-lo de exigências absurdas ou simplesmente lhe extorquisse até o último centavo.

No início, seria preferível recolher-se às sombras. Espreitá-los. Recuperar o dinheiro escondido e guardá-lo em local seguro. Houvesse alternativa e sequer mencionaria Fantine. Por mais que lhe revirasse o estômago e lhe indignasse profundamente, abdicaria de qualquer princípio de decência e, se fosse necessário, transformaria o resgate de Cosette na mais vil transação comercial. Nos dias que antecederam a ida à estalagem dos Thénardier, chegou a ir até Paris para adquirir uma casa onde pudesse garantir o mínimo de paz e conforto para a criança. Certamente teria de assumir nova identidade e buscou na cidade as pessoas certas para lhe fornecer falsos documentos e toda documentação necessária para que Cosette desaparecesse pelo menos aos olhos dos Thénardier assim que saísse de Montfermeil.

Ao fim daquela semana de preparativos, finalmente partiu para cumprir sua promessa. Não entrou imediatamente. Esperou que anoitecesse. Precisava certificar-se de que Cosette ainda estava viva. Ouvira muitas histórias sobre o velho soldado que costumava contar histórias gloriosas dos seus tempos lutando ao lado de Napoleão, mas que, por outro lado e quando estava muito bêbado, se gabava de ter comprado sua estalagem com o dinheiro amealhado pilhando os cadáveres de amigos e inimigos nos campos de batalha. Ele e a mulher eram capazes de qualquer coisa por alguns trocados, asseguravam muitos de seus vizinhos, e, quando perguntavam pela menina que criavam, todos invariavelmente sacudiam a cabeça desconsoladamente e balbuciavam meros monossílabos de dor e comiseração...

Pobrezinha...

Sua apreensão aumentou assim que soube que a mulher de Thénardier era quem realmente cuidava de Cosette e, desde que as remessas de dinheiro de Fantine escassearam e finalmente pararam, descarregava toda a sua raiva e inconformismo no corpo frágil da menina. Corriqueiramente, os hóspedes da estalagem e os moradores a viam ser estapeada, empurrada ou agredida com a palmatória que a mulher carregava para onde quer que fosse, quando não humilhada pelas duas filhas do casal, almas tão mesquinhas e ruins quanto ambos.

E se não tivesse resistido a tanto sofrimento e morrera?

Jean Valjean preferia não aventar tão sombria possibilidade. Angustiava-se ante tal perspectiva e volta e meia se surpreendia alimentando possibilidades extremamente cruéis de vingança na eventualidade de Cosette ter morrido nas mãos dos Thénardier.

Chegou a cogitar matá-los.

Seria um grande favor que faria às crianças que pudessem vir a ser acolhidas para substituir Cosette depois de sua morte. Ninguém merecia sofrer tanto, muito menos crianças.

Desistiu de cada um daqueles pensamentos ruins assim que viu a pequena e frágil Cosette sair da estalagem carregando um balde imenso e rumar para o bosque nas vizinhanças.

Ela estava viva. Ela estava viva. Estava sim.

O que fazer?

Surpreendeu-se indeciso e tenso.

Por fim, vendo-a carregar o balde com dificuldade, acompanhou-a. Seguiu-a através de trilhas perigosas e escuras e maldisse os Thénardier por enviar uma criança a ermo tão perigoso para buscar água. Como suspeitou, Cosette mal conseguiu retirar o balde cheio de água de dentro de um lago e foi fácil supor que não teria forças para carregá-lo.

– Posso ajudá-la? – perguntou por fim, aproximando-se.

Cosette assustou-se e, ao recuar na direção do lago, quase caiu dentro dele e derrubou o balde, a água derramando-se sobre os trapos que lhe serviam de vestido.

– Não tenha medo – tranquilizou-a, enquanto a ajudava a se levantar.

Mais uma vez de pé, Cosette desvencilhou-se de suas mãos e ficou encarando-o, trêmula e desconfiada.

– Tem toda razão de desconfiar de mim – disse ele, esquadrinhando a escuridão em torno de ambos, antes de voltar a encará-la com um largo sorriso nos lábios e dizer: – Esse lugar é muito perigoso para qualquer um, quanto mais para uma criança. Que tipo de pais você tem, minha criança?

– Eles não são meus pais...

– Eles? Eles quem?

– Os Thénardier.

– Os donos da estalagem?

Cosette sacudiu a cabeça afirmativamente e perguntou:

– O senhor os conhece?

– Já me hospedei lá uma vez. Mas por que eles mandaram você buscar água? Este balde é muito grande e fica bem pesado depois de cheio d'água. Até Thénardier teria dificuldades em carregá-lo.

– Pois é...

Jean Valjean sorriu com generosidade e retirou o balde da mão dela, pedindo:

– Deixe-me ajudá-la.

Inclinando-se na direção do pequeno lago às costas da menina, encheu-o d'água.

– Podemos ir? – perguntou, estendendo-lhe uma das mãos.

Cosette esquivou-se, cerrando os punhos e apertando-os contra o peito.

– O que foi? – espantou-se ele. – O que você tem aí nas mãos?

Olhos enormes, receosa, Cosette hesitou por uns instantes antes de abrir uma das mãos, e Valjean viu a moeda que ela escondia.

– É sua? – perguntou.

Cosette balançou a cabeça e explicou:

– Eu tenho de comprar um pão...

– Para você?

– Madame Thénardier pediu.

O sorriso de Jean Valjean alargou-se ainda mais.

– Não vou me esquecer – prometeu.

Enternecida e mais tranquila, Cosette despiu-se de seus últimos temores e o acompanhou, alegre e despreocupadamente. Nem soube muito bem o porquê, mas havia algo naquele desconhecido que a encantava e a fazia confiar nele. Tal era a tranquilidade de que se investiu o retorno à estalagem pelos caminhos escuros e até então sombrios da floresta e, um pouco mais tarde, de Montfermeil, que se esqueceu por completo do pão, e só daria conta disso bem mais tarde.

Tanto Thénardier quanto a grandalhona esposa espantaram-se quando a viram entrar, sorridente e na companhia de um desconhecido corpulento, com o qual partilhava a alça do balde que transbordava de água.

– O que significa isso, sua sonsa? – trovejou a estalajadeira, fuzilando a menina com um olhar dardejante de raiva e contrariedade. – Quem é este homem?

Cosette encolheu-se, assustada, e somente depois de uns poucos segundos, ainda trêmula, informou:

– Este senhor procura um quarto para passar a noite... – gemeu, intimidada e recuando alguns passos na direção do viajante.

– Pois ele que vá procurá-lo em outro lugar! – grunhiu a mulher, a raiva desfazendo-se em uma crescente desconfiança em seus olhos cinzentos e espremidos entre as dobras do rosto rechonchudo e francamente hostil. – Não temos mais vagas!

– Qualquer lugar serve, senhora... – contemporizou Valjean.

A ganância falou mais alto ao coração da avarenta e, identificando certa fraqueza e angustiante necessidade no que não passava de fingimento do viajante, ela trocou um olhar de cumplicidade com o marido e resmungou:

– Bom, acredito que possamos pensar em algum canto qualquer por aqui. Se o senhor não faz questão de maiores luxos ou conforto...

– Não tenho escolha, senhora. Está escuro lá fora, e a senhora sabe melhor do que eu como as estradas são perigosas por essas bandas.

– É, sabemos sim... – concordou a estalajadeira, antes de cobrar-lhe o dobro do que normalmente cobrava por qualquer quarto em seu estabelecimento.

Jean Valjean dissimulou mais uma vez certo espanto, mas aquiesceu. Depois de pagar antecipadamente (outra exigência de sua interlocutora), ajeitou-se em uma das duas cadeiras de uma mesa nos fundos da estalagem. Cosette apressou-se em colocar uma garrafa de vinho e um copo à sua frente e refugiou-se debaixo de uma mesa no outro extremo do salão, abraçada às pernas e facilmente alcançável pelo olhar do viajante, que, de tempos em tempos, lhe lançava um sorriso.

Impossível aparentar indiferença, e Thénardier percebeu que Jean Valjean tinha um grande interesse na menina. Não estranhou e muito menos se preocupou, mas antes alimentou sua mente com meia dúzia de pensamentos maledicentes. Nenhuma novidade. As pessoas mais estranhas passavam por seu estabelecimento e ocuparam seus quartos desde que o adquirira, e mesmo antes. Já se vira frente a frente com os mais baixos instintos humanos durante a guerra e mesmo na aparente civilidade até de pequenas localidades como Montfermeil. Nada o espantava e, se pudesse auferir algum lucro quando confrontado com tais sentimentos, prazerosamente ignorava qualquer escrúpulo. Pouco importava o que aquele desconhecido tinha em mente por trás do persistente olhar que perseguia a menina aonde quer que ela fosse entre as mesas. Tudo e todos na vida tinham um preço, e ele cobraria alto pela menina, dizia de si para si. Não estava certo se aquele interesse iria muito além do olhar persistente e interessado e espantou-se quando viu o viajante levantar-se para proteger Cosette da ira de sua esposa. Nem ele seria capaz de imaginar que tudo aconteceria tão rapidamente.

Tudo se deu quando suas filhas apareceram e uma delas deixou a boneca que carregava justamente em cima de uma mesa onde Cosette habitualmente se escondia quando não estava envolvida com alguma tarefa ou atendendo aos outros viajantes. Thénardier sabia que a menina era encantada pela boneca e, volta e meia, via-a tentando pegá-la ou apanhando justamente por ter dela se apossado.

– Sua abusada! – rugiu a esposa ao surpreender Cosette debaixo de uma das mesas, brincando com a boneca. – Agora você vai ver uma coisa!

A palmatória apareceu mais uma vez em sua mão, e ela já se preparava para agredir Cosette, raiva acumulada pelo fato de Cosette ter se esquecido de comprar o pão que lhe pedira e, pior ainda, por ter perdido a moeda que lhe dera para fazê-lo, quando Jean Valjean interveio.

– Não faça isso – disse, os grossos dedos de uma das manzorras peludas estreitando-se fortemente em torno do braço da estalajadeira até que ela, fazendo uma careta de dor, deixou a palmatória cair. – Eu compro a boneca.

A mulher retirou o brinquedo das mãos de Cosette com um forte repelão e, em seguida, fuzilou-o com os olhos, dizendo:

– Ela não está à venda!

Virou-lhe as costas e se afastou na companhia das filhas enquanto os olhos de Thénardier e dos outros hóspedes continuavam persistentemente fixos em Jean Valjean, espantados, seguindo-o quando ele saiu e na sua volta, algumas horas mais tarde. Desviaram-se apenas para observar a boneca que trazia, muito mais bonita do que a que as filhas do estalajadeiro possuíam e pela qual Cosette quase fora espancada.

Jean Valjean atravessou o acanhado salão e encaminhou-se para a mesa debaixo da qual Cosette se entrincheirara desde que ele saíra. Sem nada dizer, mas apenas sorrindo, depositou-a em seus braços, enfurecendo ainda mais a mulher de Thénardier.

– Mas que desaforo! – protestou várias vezes e chegou a exigir que o marido tomasse a boneca de Cosette e a desse para suas filhas.

– O dinheiro é dele, mulher! – Thénardier pouco se importou com o que quer que a mulher dizia. Limitou-se a receber os trinta francos que Jean Valjean pagou por um canto na estrebaria e, enquanto o acompanhava, entreteve-se em excessos de mesuras e estudada boa vontade com o único intuito de arrancar o máximo de dinheiro de hóspede tão generoso quanto tolo. Profundo conhecedor da natureza humana, percebera o que ela sequer suspeitara, que, sabe-se lá o porquê, aquele homem estava muito interessado na menina.

A confirmação surgiu pouco depois de Thénardier bombardeá-lo com uma versão absolutamente mentirosa acerca da origem de Cosette e queixar-se de como seus esforços para lhe dar um lar eram menosprezados pela própria criança, que, ingrata e cheia de vontades, não perdia uma oportunidade de demonstrar por gestos e palavras o quanto o odiava e a sua família.

– Tem horas que me pergunto por que perco tempo me preocupando com essa selvagenzinha – desabafou, desdobrando-se em novas e mais ressentidas lamúrias e reclamações, ora sobre o comportamento da menina, ora sobre as circunstâncias em que a mãe simplesmente a abandonara a seus cuidados.

Jean Valjean ouvia a tudo com paciência, mas obviamente em nada acreditava. Enquanto o estalajadeiro patinhava no terreno lamacento e escorregadio de intermináveis suposições sobre o hóspede, este sabia muito bem com que espécie de gente estava lidando ao pôr os pés na estalagem dos Thénardier. Sabia acerca dos maus-tratos infligidos a Cosette e sobre os trapos que a obrigavam a vestir, antigos e esfarrapados vestidos usados pelas próprias filhas. Em igual medida, desconhecia até os detalhes mais cruéis dos espancamentos e maus-tratos a que a submetiam, de tal maneira violentos em certas ocasiões que causaram a intervenção de alguns vizinhos e da própria polícia local, que, de tempos em tempos, aparecia na estalagem para extorquir-lhes algumas moedas em troca de seu silêncio. Sabia até mesmo sobre o cubículo triangular onde a menina se deitava sob a escada que levava ao segundo andar do prédio, uma sufocante e extremamente malcheirosa alcova partilhada com uma indescritível quantidade e variedade de insetos. Realmente informara-se, e muito bem, sobre o casal entre seus vizinhos e antigos hóspedes, tendo conhecimento inclusive de que Thénardier enfrentava um praticamente insolúvel problema financeiro representado por uma dívida de mil e quinhentos francos. Aliás, foi esse o valor exato que o estalajadeiro estipulou para vender-lhe Cosette. Mil e quinhentos francos.

– O senhor entende, não? Tivemos muitas despesas para cuidar da criança... – justificou-se, e Jean Valjean percebeu quando seus olhos cobiçosos se arregalaram, faiscando ambição e dissimulando maior interesse, ao vê-lo retirar três notas da carteira de couro que carregava em um dos bolsos do paletó e espalhá-las sobre a mesa em torno da qual estavam sentados.

No momento em que Thénardier precipitou-se sobre elas, cobriu-as com a mão imensa e, cravando-lhe os olhos ameaçadoramente, disse:

– A menina...

Thénardier espantou-se.

– Co-co-como é ? – gaguejou, intimidado.

– Traga a menina.

Thénardier virou-se para a mulher que jazia de pé, as duas mãos gordas e avermelhadas apoiadas no encosto da cadeira em que estava sentado, e insistiu para que trouxesse Cosette.

A mulher relutou, contrariada, e olhou para um e para outro antes resignar-se a obedecer. Ambição e apenas ambição. Ela, como o marido, vira as muitas outras notas que Jean Valjean carregava na carteira preta de couro. Ele acreditava que tal imagem não saía da cabeça de ambos, e a cobiça ensejava outros tantos pensamentos e maquinações que lhe aconselhavam a ficar atento e a se desdobrar em maior prudência. A troca silenciosa de olhares traía um súbito arrependimento e contrariedade, sobretudo de parte da mulher, que aparentemente ambicionava valor ainda maior pela criança. Tramavam algo, por que duvidar?

Acautelou-se. Nenhum dos dois escapou à vigilância de seus olhares e não se distraiu nem quando a mulher retornou na companhia de Cosette. Colocou o pacote que trazia consigo sobre a mesa e desatou o nó da fita vermelha que o cingia. Nele havia um vestido de lã, um avental, uma blusa de fustão, uma saia, um lenço para o pescoço, meias de lã, tudo para uma menina na idade de Cosette. Tudo na cor preta.

– Vá se vestir, menina – pediu a Cosette, o casal ainda debaixo de seu olhar vigilante. – Depressa!

Foi rapidamente atendido e, um pouco depois, saíram da estalagem. O inconformismo da mulher de Thénardier estrondeou nos ouvidos dele enquanto Valjean e Cosette se afastavam. A mulher estava realmente irritada, e sua contrariedade apenas aumentou quando o estalajadeiro argumentou que tinham recebido o valor exato para quitar a dívida até então impagável que tanto os atormentava.

– Você se contenta com muito pouco, meu marido – resmungou ela.

– Acha pouco? – Thénardier quis reagir.

Jean Valjean sorriu gostosamente quando a mulher o xingou e, um pouco depois, quando Thénardier deu um forte tapa na testa e a acompanhou em uma nova e virulenta quantidade de palavrões dirigidos a si mesmo. Imaginou o que deveria esperar e não esperou muito. Thénardier o alcançou no caminho para Chelles.

– Fui enganado! – protestou, ofegante.

– De que maneira, meu amigo? – contrapôs Jean Valjean, dissimulando ingenuidade.

O estalajadeiro apontou para a menina e disse:

– Sabe que ela vale bem mais.

– Sei?

– Certamente.

– Como eu saberia de algo assim? Eu lhe propus comprar a criança e você estipulou um valor. Como posso tê-lo ludibriado?

Thénardier encarou e, estendendo-lhe as três notas que perfaziam os mil e quinhentos francos que aceitara por Cosette, insistiu:

– Tome! Pegue seu dinheiro! Eu não quero...

– E o que quer? Mais dinheiro?

– Sabe que é o mais correto a se fazer.

– Nada sei acerca disso, meu senhor...

– É muito pouco.

– É bem mais do que um homem como o senhor merece. Eu deveria denunciá-lo à polícia, mas prefiro resolver toda essa situação desagradável de outro modo.

– De que modo, posso saber?

Mais uma vez, Jean Valjean apanhou a carteira que guardava em um dos bolsos do paletó e, por um segundo, nada além de um segundo,

Thénardier alimentou a esperança de que fosse lhe dar mais dinheiro e chegou a sorrir. Breve e injustificada satisfação. Nem uma nota a mais saiu da carteira, mas apenas um pedaço de papel que Valjean desdobrou lenta e pacientemente antes de entregar-lhe e ordenar:

– Leia!

Foi o que Thénardier fez, empalidecendo no momento seguinte.

Não se tratava de uma carta. Sequer poder-se-ia definir como um bilhete. Uma simples autorização que dizia apenas:

Montreuil-sur-Mer, 25 de março de 1823.
Senhor Thénardier,
Entregue Cosette ao portador desta. Todas as pequenas despesas lhe serão pagas.
Tenho a honra de saudá-lo com toda a consideração.
Fantine

A assinatura era verdadeiramente de Fantine, inútil tentar contestar e muito menos protestar.

– Eu tive muitos gastos, bem maiores do que os mil e quinhentos francos que o senhor me deu... – protestou timidamente. – O senhor há de convir que cuidar de uma criança nos tempos em que vivemos toma muito tempo e custa muito dinheiro.

Jean Valjean limitou-se a ouvi-lo, impassível.

– O senhor nem pode imaginar o quanto eu e minha esposa nos sacrificamos para que nada faltasse a essa criança...

Guardou a carteira e estendeu a mão para Cosette ainda de pé a seu lado.

– Vamos embora, Cosette – disse, ignorando Thénardier e reiniciando sua marcha pela estrada.

Thénardier o segurou pelo braço e protestou:

– O senhor não pode simplesmente virar as costas e ir embora – insistiu. – Eu lhe devolvi o dinheiro...

Jean Valjean parou e lançou-lhe um olhar enfurecido, com os dedos estreitando-se em torno do cajado em que se apoiava. Apontou-o para o estalajadeiro.

– Você tem mais do que eu sinceramente gostaria de lhe dar, homem. É melhor parar de nos seguir.

– Você não pode...

Valjean cutucou-lhe o peito com uma das extremidades do cajado e ameaçou:

– É melhor ficar por aqui, ouviu bem?

– Você não...

– Deixe-nos em paz.

Thénardier ainda insistiu renitentemente por certo tempo. Parou várias vezes sempre que se deparou com a carranca ameaçadora e taciturna de Valjean. Acabou se convencendo de que nada conseguiria além dos mil e quinhentos francos que recebera por Cosette e deu-se por satisfeito.

*"Pondes vossa esperança justamente
No que não vai acontecer."*

Capítulo 6

Difícil acreditar, depois de um rápido e despretensioso olhar, que a velha e decrépita casa Gorbeau, nome atribuído ao seu primeiro proprietário, tivera tempos mais gloriosos. O abandono dos jardins malcuidados alcançava a construção ainda sólida com trepadeiras temíveis e tufos de vegetação que vicejavam de paredes abandonadas e, aqui e ali, marcadas por apavorantes rachaduras. O aspecto fantasmagórico intimidava quem por acaso se aventurasse por seus salões e corredores ou alugasse um dos quartos que anunciava uma placa dependurada junto à sua pesada porta. Festões de teias de aranha se espalhavam pelos cantos escuros, e a poeira reinava onipresente em qualquer direção para a qual se olhasse. Cosette, vez por outra, divertia-se escrevendo palavras e até trechos de certos poemas nos móveis empoeirados e, ao contrário de outras pessoas, que evitavam a pequena e improvisada hospedaria, aliás, onde ela e Jean Valjean eram praticamente os únicos inquilinos, encontrava felicidade em suas dependências silenciosas. A bem da verdade, o simples fato de se livrar do cotidiano de maldades na companhia dos Thénardier já fora suficiente para se sentir feliz e não se assustar e, principalmente, a se dispor a acompanhar aquele homem de poucas palavras e muito triste aonde quer que ele fosse, desde que o mais distante possível de Montfermeil.

Aprendera a respeitar seus longos silêncios. Em certa medida, habituara-se a eles depois de perceber que nada deveria temer enquanto estivesse em sua companhia. Ele, que lhe dissera seu nome apenas alguns meses depois de chegarem a Paris, garantira que nunca permitiria que alguém mais lhe fizesse mal.

– Foi uma promessa que fiz à sua mãe – foi tudo o que disse quando ela o questionou acerca da razão de dizer o que dizia e prometia.

Não soube bem por que, mas acreditou no que ele dizia. Desde o princípio.

Talvez fosse o que dizia e contava sobre sua mãe, apesar de não saber muito bem em que circunstâncias os dois se conheceram e inquietar-se com os grandes vazios que ele nunca preenchia na vida dela.

Como ela era?

Por que a deixara aos cuidados dessa gente tão ruim quanto os Thénardier?

Existiam grandes buracos na história que ele contava sobre os últimos dias de vida de sua mãe, e eles apenas se tornavam maiores à medida que crescia sua curiosidade e as perguntas se faziam mais insistentes. O silêncio era o castelo inexpugnável e, por trás de suas muralhas, aquele gigante carrancudo se fazia invencível e obstinado, nada ou muito pouco dizendo, principalmente sobre si mesmo. Curiosamente, o que despertaria o medo ou pelo menos a desconfiança na maioria das pessoas tocava o coração de Cosette de modo diferente. A relação de ambos se constituía de gestos e olhares, ou seja, era bem menos o que Jean Valjean poderia dizer ou que ela conseguisse arrancar dele depois de muita insistência que alimentava a relação de gratidão e amizade entre ambos.

Confiava em Jean Valjean. Essa confiança não se abalava mesmo quando o surpreendia mentindo; ele se apresentara à velha proprietária da casa Gorbeau como um comerciante arruinado e que, na companhia da única filha, vivia das poucas rendas que lhe restara.

Aquela fora a primeira grande mentira que vira seu protetor contar, mas não seria a última. Vida de foragidos, ele mesmo diagnosticou com certa melancolia, e foi quando Cosette soube que fugia de algo ou de alguém. Nada perguntou. Aliás, como faziam muitas das pessoas que ouviam tais mentiras. A proprietária da casa Gorbeau sequer olhou para Cosette e, se olhou, ignorou o rubor de suas faces depois de ser apresentada como filha de Jean Valjean. Interessaram-lhe mais os seis meses que recebeu adiantados pelo quarto alugado.

Com aquela mentira veio também a percepção de outra característica permanente da personalidade de Jean Valjean: a cautela. Ele se aventurava pouco nas ruas, principalmente durante o dia. Sempre que era obrigado a abandonar a segurança da casa Gorbeau, fazia-o à noite. Mesmo depois de saber dos acontecimentos nos estaleiros de Toulon e que era considerado morto, ainda se comportava como um foragido e se esforçava para não chamar a atenção de quem quer que fosse. Algo inútil. Mais cedo ou mais tarde, vitimado pela curiosidade em certa medida provocada pelo seu comportamento peculiar e pela invencível desconfiança de seus gestos e olhares, acabavam sempre sendo obrigados a fugir. Não ficaram mais do que poucas semanas na casa Gorbeau.

A velha proprietária começou a fazer perguntas cada vez mais frequentes e, quanto mais Jean Valjean se mostrava reticente e evasivo, mais as perguntas se tornavam frequentes. Um mendigo que frequentava a porta da igreja de Saint-Médard rapidamente deixou de ser apenas grato pelas moedas que Jean Valjean lhe dava para desconfiar dele, ao ponto de chegar ao despropósito de apresentá-lo a outros mendigos e identificá-lo como um antigo policial. No entanto, o pior ainda estava por vir. Um verdadeiro pânico instalou-se em seu coração quando soube que um novo inquilino se instalara na casa Gorbeau. Foi a primeira vez que ouviu um nome que os acompanharia por muitos e muitos anos, a vida inteira mesmo...

Javert.

Ainda estava escuro, e Jean Valjean se esgueirava pela escuridão quando despertou Cosette e entregou-lhe Catherine, a boneca que lhe dera de presente quando a resgatara dos Thénardier e da qual ela não se separava desde então; disse simplesmente:

– Temos de ir embora...

Javert se transformaria no fantasma que o assombraria permanentemente. Um temor constante. Uma aparição sobrenatural que surgia de tempos em tempos em seu cotidiano e os obrigava a fugir e a viver de uma felicidade sempre passageira, quase clandestina. Precária talvez fosse a palavra mais adequada. Seu inferno particular.

Assustador. Jean Valjean não sabia como ele o encontrava ou aparecia em sua vida, principalmente se era tido como morto desde o incidente em Toulon. Mesmo naquela primeira vez em que foi obrigada a fugir dele, Cosette o viu. Apesar de haver outros tantos policiais, algo em seu coração, ou certamente no olhar acuado de seu protetor, permitiu reconhecer e guardar Javert na memória.

Mas quem era Javert?

Enquanto se esgueiravam por becos de uma madrugada fria e escura, seu protetor mentiu.

– A senhora Thénardier mandou essa gente atrás de nós! Eles vieram buscar você!

Cosette arrepiou-se. Medo. Pavor. Lembranças de tempos terríveis passados entre os Thénardier a empurraram para os braços com os quais Jean Valjean a acolheu protetoramente.

Nem soube por onde foram e por quanto tempo. Ele corria e se esgueirava desesperadamente por mais caminhos do que conseguia se lembrar. Subiu e desceu. Em mais de uma ocasião, quase caiu e a derrubou. Quando um alto muro ergueu-se diante de ambos, Cosette prendeu a respiração, angustiada. Afundou o rosto no peitoril do gigante que a carregava e temeu pelo pior, encurralada.

Ele vai nos pegar! Ele vai nos pegar! Ele vai nos pegar!

Javert.

O nome perambulou por sua mente muitas e muitas vezes. Horrorizou-se. Lembrou-se mais uma vez dos Thénardier. Choramingou, o rosto apertado com muita força contra o peito de Jean Valjean. Levantou a cabeça e encarou-o quando percebeu que ele parou.

Estavam bem embaixo de um dos postes de iluminação próximos ao muro. A luz de um lampião tremeluzia fracamente sobre ambos. Naqueles tempos, acender e apagar os lampiões era uma função cansativa feita por homens logo que começava a entardecer. Para subir e descer, valiam-se de cordas presas em carretilhas que eram chumbadas próximas aos lampiões e guardadas em compartimentos de ferro cuja chave ficava em poder dos encarregados de acendê-los.

Desorientada e sem saber o que ele pretendia, Cosette viu Jean Valjean usar a ponta de um canivete para soltar a lingueta de um tubo de metal que protegia a corda e, em seguida, afrouxar e retirar a gravata que usava. Ele a passou em volta de seu corpo, por baixo dos braços, e amarrou a gravata a uma das extremidades da corda.

Chamou-o pelo nome. Ele atravessou o indicador da mão livre sobre os lábios e pediu que ela se calasse. Em seguida, prendeu a outra ponta da corda com os dentes, livrou-se dos sapatos e meias e lançou-os por sobre o muro, que escalou ágil e surpreendentemente rápido, Javert e os outros policiais em seus calcanhares. Percebendo que seriam vistos caso se movessem, deitou-se no alto do muro e, como os lampiões próximos ainda não haviam sido acesos, a escuridão fez o resto, ocultando-os.

Esperaram. Não muito, segundos que pareceram uma eternidade, os olhos fixos nos vultos fracamente iluminados pelos lampiões que dois policiais carregavam. Javert disse algo, mas nem Valjean nem Cosette compreenderam o que disse. Finalmente afastaram-se do muro e Valjean endireitou o corpo, abraçando-se à menina e descendo para um grande jardim às escuras.

Os pés de um e, em seguida, os do outro alcançaram o telhado de um velho barracão. Valjean ajudou Cosette a descer e, enquanto se calçava, esconderam-se dentro dele. Mal dormiram. Sempre que cochilavam, despertavam, sobressaltados, acossados pelo rumor de Javert e outros policiais no outro lado do muro, rondando, espreitando, farejando como um bando de lobos famintos.

– O que é isso? – perguntou Cosette, assustada, ao ouvir um estranho cântico religioso ressoar através do jardim até então silencioso.

Jean Valjean nada respondeu. Ressonava, os braços cruzados sobre o peito, as feições ainda cavadas em profundas rugas de preocupação e temor.

O cântico estendeu-se pelo resto da noite, sobressaltando o sono de Cosette, que somente se tranquilizou quando amanheceu e os dois descobriram que estavam no Convento de Petit-Picpus.

Uma tranquilidade passageira, bem sabiam. A ilusão tola de que teriam paz, afinal. Impossível. Simplesmente impossível. Tanto para um quanto para o outro, não restava dúvida de que, mais dia, menos dia, estariam mais uma vez fugindo de Javert ou de homens como Javert. Certeza triste, mas inescapável. Estava em seus olhares, no pesado silêncio que os acompanhava mesmo quando se encaminharam para a maciça construção de pedra de onde saíram os primeiros religiosos.

Javert era senhor de suas vidas, pois, acima de tudo, não saía de seus pensamentos. Um perigoso fantasma a assombrá-los aonde quer que fossem.

Abraçaram-se, o sol esgueirando-se pelas amplas alamedas, cintilando no dossel orvalhado das árvores, ao longo dos amplos corredores do convento. De uma das torres vinha o badalar de um sino, como que acompanhando os passos trôpegos e vacilantes do insólito casal.

"A verdadeira divisão da humanidade é esta:
Os que possuem a luz
e os que só têm treva."

Capítulo 7

A busca fora longa, incansável, mas totalmente infrutífera. Mais uma vez, Jean Valjean escapara. Nada que frustrasse ou irritasse Javert. Há tempos tinha seu fugitivo como um criminoso hábil e astuto, merecedor de respeito, e não de desprezo ou pouco caso. Sabia que não seria fácil capturá-lo e devolvê-lo à prisão. Não, não o admirava. Jamais iria tão longe. Todavia, sabia perfeitamente estar diante de um adversário formidável e respeitável, não somente por sua força extraordinária, mas, acima de tudo, pela capacidade de escapar a seus perseguidores.

Era um homem inteligente. Em nada se assemelhava a qualquer um dos incontáveis criminosos que capturara e levara à prisão. Os anos que passara em Montreuil-sur-Mer, convertendo-se em um industrial de sucesso e mesmo em um prefeito competente, não deixavam dúvida de que, fossem outras as circunstâncias, Javert poderia até admirá-lo e mesmo ir até mais além e ser seu amigo.

Extremamente esgotados, ele e os outros policiais ainda caminharam pelas ruas de Marche-aux-Chevaux e interrogaram alguns bêbados e mendigos nas imediações da igreja de Saint-Médard. Nada. Ninguém os vira.

– Sei que eles estão por aqui – asseverou Javert, obstinado. – Paciência, meus amigos, paciência.

Não sabia explicar. Intuição. Uma experiência adquirida em anos e anos perseguindo criminosos. Não saberia explicar, mas algo lhe dizia que Jean Valjean estava próximo e certamente estaria preocupado. Enquanto caminhava, buscou imaginar o espanto de que se vira acometido quando soube que estava mais uma vez em seu encalço.

Seu plano era realmente genial e, durante certo tempo, funcionou. Todos os que testemunharam a sua queda do alto do navio no porto de Toulon garantiram que desaparecera nas águas turbulentas do porto e davam testemunhos de sua morte. Lembrou-se de que, em uma gélida manhã de dezembro de 1823, ao encontrar casualmente a notícia em um jornal, algo o inquietou. Não saberia explicar exatamente o quê.

Inconformismo?

Dúvida?

Um pouco de ambos?

Provavelmente.

De qualquer forma, tais sentimentos impediram que aquela notícia se perdesse completamente no passado, esquecida. Jean Valjean e seu heroico desaparecimento recorreriam, de tempos em tempos, em sua mente, alimentando a sua lendária desconfiança, o inconformismo tão comum a um policial que se frustrava por não ter sido capaz de entregar um criminoso à justiça e vê-lo escapar-lhe por obra do destino. Qualquer que fosse a razão, não o abandonou, mas, pelo contrário, sentiu a sua presença materializar-se diante de si ao ler um relatório policial do departamento de Seine-et-Loise informando sobre o desaparecimento de uma criança na cidadezinha de Montfermeil. À medida que lia, os personagens de um drama recente foram se imiscuindo em seus pensamentos e lançando-o a uma inquietação crescente que corporificou-se de súbito, ganhando vida e nome em uma fração atordoante de segundos...

Jean Valjean!

Quase gritou seu nome em um frêmito de assombro e ódio inexplicável.

A menina sequestrada se chamava Cosette, e sua mãe, de nome Fantine, que confiara a guarda dela a alguns estalajadeiros locais, os Thénardier, morrera recentemente em outra cidade, em circunstâncias ignoradas pelo relatório, mas do conhecimento de Javert.

Seria um equívoco de sua parte?

Não acreditou. Na verdade, desde que se pusera a ler o relatório policial, acreditou, até com cega obstinação, que, de algum modo, Jean Valjean sobrevivera àquele acidente ou, pior ainda, arquitetara-o com o único intuito de escapar da lei e da justiça, a fim de cumprir sua promessa e resgatar a filha de Fantine. Não podia ser outra coisa, repetia de si para si, absolutamente convicto e saindo em busca de outras provas de que estava absolutamente certo.

Mal dormiu depois da leitura daquele relatório. Leu e releu outras tantas vezes. As dúvidas, que já não eram tantas, foram se desfazendo feito fumaça em seu coração inquieto. Jean Valjean, que ainda se apresentava como Madeleine quando Javert o conheceu, comprometera-se com uma das ex-funcionárias de sua fábrica a encontrar e devolver-lhe uma filha. A infeliz chamava-se Fantine e morrera em seus braços, e sua filha vivia com alguns estalajadeiros na cidade de Montfermeil, onde Valjean fora preso depois de fugir de Montreuil-sur-Mer.

E se ele fora preso única e exclusivamente por ter pretendido resgatar a menina e cumprir sua promessa?

Javert não tinha mais dúvida: Valjean estava vivo.

Cada vez mais agarrado àquela convicção, desprezou tudo mais, a começar por qualquer explicação acerca de como, afinal de contas, Jean Valjean lograra escapar da morte ao cair no mar em Toulon. Nada importava. Ao procurar Thénardier, acreditou que ele acabaria apenas reafirmando sua convicção de que o sequestrador de Cosette não era outro senão Jean Valjean.

Acontece que Thénardier era um homem arrependido do próprio gesto. Ao prestar queixa sobre o sequestro de Cosette, o estalajadeiro não imaginava que veria a polícia se imiscuindo em seus negócios com tanta frequência e, principalmente, desconfiando da honestidade de boa parte deles. Por conta disso, como fazia sob tais circunstâncias, mentiu para Javert.

Alegou que a criança não fora sequestrada, mas apenas levada pelo avô para quem, aliás, deu-se ao trabalho de até mesmo inventar um nome, Guillaume Lambert.

– Foi tudo uma grande precipitação de minha parte – desculpou-se. – Eu havia viajado e, na verdade, foi minha mulher que recebeu o homem e conferiu os seus documentos...

Prometeu, ainda naquela semana, dirigir-se ao departamento de polícia de Seine-et-Loise e dar novo depoimento.

Javert deixou a estalagem em Montfermeil desanimado e com a firme convicção de que Jean Valjean efetivamente estava morto. Perseguia fantasmas, e o melhor a se fazer sob tais circunstâncias era simplesmente esquecer.

Frágil convicção. Não durou muito. Em meados de 1824, um de seus informantes trouxe a notícia de que havia um homem misterioso, mas igualmente pródigo, presenteando pobres e mendigos da região de Saint-Médrad com moedas.

– Ninguém sabe muito bem de onde veio ou o que é realmente – disse o informante. – Mas a velha rabugenta diz que conversou com a menina e que ela lhe disse que veio de Montfermeil e que o grandalhão é seu avô. Por isso ela veio me procurar, pois o sujeito que distribui moedas na igreja havia lhe garantido que era pai da menina e cuidava dela depois que a mãe morreu.

Montfermeil. Montfermeil.

Novamente aquela cidade alimentava antigos fantasmas e reavivava velhas crenças no coração de Javert.

Teria se precipitado e Jean Valjean estaria vivo?

Hesitou por semanas, mas finalmente disfarçou-se para se misturar entre os mendigos de Saint-Médard com o intuito de se aproximar do pródigo distribuidor de moedas. Chegou mesmo a ser presenteado com uma das moedas, mas faltou-lhe a necessária convicção para admitir que estava diante de Valjean. Por conta disso, hospedou-se na casa Gorbeau, onde se dedicou a observá-lo atentamente e acumular mais e mais informações sobre o pensionista e sua filha ou neta por intermédio da velha proprietária do casarão. Agiu com extrema cautela. Em momento algum permitiu que tanto um quanto o outro o vissem ou suspeitassem da sua presença. Era sua intenção surpreendê-los, mas, ao fim e ao cabo, foi ele que se viu surpreendido com a repentina fuga de Jean Valjean durante a madrugada.

Bem mais frustrado do que cansado, finalmente resignou-se ao fato de que, mais uma vez, o deixara escapar. Inconformado, nos dias que se seguiram percorreu cada rua ou beco por onde Jean Valjean e a menina fugiram. Nenhum rastro. Nem o menor vestígio. Mesmo diante das evidências, ou pior, sem nenhuma delas, estava cada vez mais convicto de que eles estavam em Paris e se asseguraria de que não saíssem da cidade. As características do casal de fugitivos foram fornecidas a cada policial, e ofereceu-se muito dinheiro a informantes e a qualquer um que trouxesse alguma informação sobre ambos, o que se transformou em um chamariz para todo e qualquer desocupado, bandido ou rufião que infestava as ruas de Paris naqueles anos posteriores ao governo de Napoleão.

Apesar do tempo que passava e da ausência desanimadora de informações, Javert não desistia. Bem ao contrário, o fracasso o animava como a poucos, e sua obstinação assombrava seus comandados. Muitos inspetores, em seu lugar, certamente já teriam desistido depois de tanto tempo sem qualquer notícia a respeito do paradeiro de Jean Valjean e da menina. E as opiniões sobre ele só faziam investir-se de maior surpresa quando se sabia há quanto tempo se estendia tão pertinaz perseguição.

Quanta obstinação!

Muitos o consideravam louco, mas os mais sensatos buscavam uma explicação mais racional para aquela obsessão, aquela inflexibilidade na aplicação das leis por parte de Javert. Nunca, entretanto, algum deles tomou conhecimento daquilo que mais aproximava o temido homem da lei daquele que perseguia tão tenazmente. Ambos haviam nascido e crescido em terreno comum; a miséria e as dificuldades da vida, de certa forma, tornavam-nos semelhantes, ou talvez Javert tivesse uma origem ainda pior, bem pior.

Sua mãe fora uma prostituta. Esforçava-se para tirá-la da mente, tal o horror e o desprezo que sentia por ela e, principalmente, por sua condição. Aonde quer que fosse, mesmo nos antros mais sórdidos onde, por dever de ofício, via-se obrigado a trafegar, não conseguia ignorá-la ou, mais frequentemente, via-a em outras mulheres que surgiam em seu caminho, em idêntica condição, vendendo-se a outros homens por preço vil, em tudo semelhante à mãe. Pior, infinitamente pior, só o pai, prisioneiro das galés como Jean Valjean, criminoso como Jean Valjean.

Inexplicável. Mistério.

Em que parte daquela infância sórdida, porém insondável, surgira aquele verdadeiro pavor e posterior ódio ao crime?

Por quais caminhos sombrios e tortuosos Javert transitou antes de se afastar por completo daquela existência e erigir uma nova, totalmente diferente e o mais distante possível daquela de onde saíra para nunca mais voltar?

Seria essa a explicação, a verdadeira razão, de ser aquela criatura tão implacável diante do erro e do crime?

Porque, divergindo de outros tantos policiais, Javert convertera a aplicação absolutamente severa da lei em sua própria razão de viver. A observação extremamente escrupulosa da lei, ao ponto de descer aos mínimos detalhes para exercer a sua aplicabilidade, soava até mesmo entre seus companheiros como inacreditável. Nada se apresentava mais importante.

O que se esconderia por trás de tão poderosa retidão?

Seria alguma maneira engendrada pela própria consciência e por seu passado, aos seus olhos absolutamente condenável, para escapar a uma invencível vergonha?

Condenar para não ser condenado?

Perseguir para não ser perseguido?

O medo bem antigo de se tornar criatura tão abominável quanto a mãe e o pai?

Talvez acreditasse que, ao entrincheirar-se atrás de sua figura temida e inatacável, que todos encaravam como um sólido e incorruptível cumpridor das leis, aquele pesadelo interminável representado pelo seu passado jamais pudesse ser descoberto ou, melhor ainda, fosse esquecido. Não pelos outros, pois ninguém entre todos os que o cercaram ou com quem ainda convivia, a começar pelos companheiros de ofício, tinha conhecimento daquela existência, mas por ele mesmo.

Esforço inútil. Quanto maior o empenho na aplicação da lei ou na perseguição a todos que a burlavam, mais tais lembranças assombravam suas noites sem sono e sem paz.

Era isso e nada além disso. Naquela perseguição implacável, na necessidade quase obsessiva de cumprir as leis, havia mais do que a tentativa de expiar um pecado inexistente, um crime não cometido; havia, mais do que tudo, a angustiante busca por uma redenção sem sentido ou a libertação de uma consciência culpada, atormentada por uma origem que o envergonhava.

Javert precisava de Jean Valjean e de criminosos como Jean Valjean. Cada um deles dava sentido à sua existência. Persegui-los, prendê-los, mandá-los para a prisão o afastava de tudo aquilo que sempre temeu ser, um criminoso, e do que mais receava se tornar, uma criatura tão abjeta e cruel quanto seu pai e sua mãe.

O Javert em que se transformara, assim ele acreditava, protegia-o do Javert que sempre temera ser.

Por isso e para isso, a necessidade quase orgânica de homens como Jean Valjean. Precisava deles como precisava do ar que respirava, e quanto mais demorada a perseguição, mais persistente ela se tornaria e menos confinado a seus temores se encontraria.

– O convento! – gritou em uma certa manhã, dando um tapa na própria testa. – Como fui tolo...

Os outros policiais à sua volta o olhavam, sem entender muito bem, confusos.

– O convento foi o último lugar em que o vimos – insistiu. – Tenho certeza. Ele está lá dentro. Ele e a menina...

*"Por que então não há de Deus
mostrar-se bondoso comigo?"*

Capítulo 8

No princípio, eram apenas os soldados trafegando até preguiçosamente pelas ruas em torno do convento. Não se importou com eles. Aparentavam preguiça e desinteresse, como se cumprissem uma tarefa enfadonha e sem o menor proveito. Cansados. Aborrecidos. "Deles", pensou Jean Valjean, "nada a temer". Iam e vinham. Lançavam olhares na direção do convento e, como já antecipadamente esperavam nada ver de interessante (nada lhes interessava mais do que ele e a pequena Cosette), eram negligentes no olhar.

Sentia-se seguro e até mesmo afortunado naqueles primeiros dias por trás dos muros de Petit-Picpus. Tanto a segurança quanto a sorte o alcançaram logo nos primeiros dias no convento. Na verdade, no primeiro dia.

– Madeleine!

Apavorou-se ao ouvir o nome pelo qual fora identificado ao longo daqueles anos como um próspero industrial em Montreuil-sur-Mer.

Mal esfregara os olhos e saía do casebre nos fundos do jardim de Petit-Picpus, depois de uma noite de sobressaltos e evidentemente muito maldormida, quando, ao abrir a porta, deparou com Fauchelevent.

Ele sorria, e os braços abertos envolveram-no antes que Jean Valjean pudesse entender o que estava acontecendo.

Pasmo e julgando-se frente a frente com um fantasma (como encontrar outra explicação e alguma lógica em meio àquela situação absolutamente inesperada?), deixou que ele o abraçasse e o crivasse de perguntas às quais nem teve ânimo de responder.

Por fim, agarrando-o com suas manzorras, afastou-o e, encarando-o, perguntou:

– É você mesmo, Fauchelevent?

O velho comerciante sorriu gostosamente e contrapôs:

– E quem mais seria, homem?

– Um fantasma?

– Fantasma... fantasma... que fantasma o quê?

– O que você está fazendo aqui, Fauchelevent?

– Sabe que eu poderia lhe fazer a mesma pergunta, meu bom homem? – Fauchelevent alargou ainda mais o sorriso e o exibiu para Cosette, que, naquele instante, os olhos enormes e muito pálida, se escondia por trás do corpanzil de Valjean. – E quem é a sua amiguinha aí?

Fauchelevent perguntou e, por mais que Jean Valjean quisesse, e ele certamente nem pensava em dar-lhe mais informações, não conseguia fazê-lo parar de perguntar. Perguntar e contar histórias sobre ele mesmo. O máximo que conseguiu entender em meio àquela saraivada de perguntas e sorrisos foi que, um pouco depois de ser salvo da morte debaixo da carroça, conseguira um emprego em Paris por meio de alguns amigos.

– Hoje eu sou jardineiro aqui do convento – foi tudo o que Valjean conseguiu entender ou se preocupou em reter dentre as tantas perguntas feitas e informações que ele derramava sobre si, entre um abraço e outro que lhe dava, mais entusiasmado do que curioso.

A alegria era tão grande que não foi difícil conseguir que Fauchelevent lhe atendesse quando pediu que não contasse a ninguém que ele e Cosette estavam escondidos no casebre nos fundos dos jardins.

– Ah, não se preocupe, meu amigo – disse Fauchelevent, tranquilizando-o. – Além de mim, poucas pessoas vêm até aqui, e geralmente é uma ou outra irmã que se perde no jardim. – Soltou um risinho zombeteiro e comentou: – Algumas delas são bem velhinhas, sabia?

– Eu até gostaria de ser mais claro, mas...

Fauchelevent gesticulou para que se calasse e disse:

– Devo-lhe minha vida, Madeleine. Seja o que for, conte comigo.

Por causa da gratidão de Fauchelevent, Valjean e Cosette passaram certo tempo em relativa tranquilidade por trás dos altos muros de Petit-Picpus. O antigo comerciante acolheu a ambos com muito entusiasmo e boa vontade e, como prometera a seu salvador, nada disse a qualquer uma das freiras ou outros empregados do mosteiro.

– Não se preocupem com as irmãs – disse Fauchelevent. – São reclusas e vivem mais para as suas orações do que para qualquer outra coisa. Se não fosse pelas internas, sequer sairiam de seus claustros.

Embora buscasse acreditar em suas palavras e, depois de uns poucos dias, percebesse que não havia razões para desconfiar dele, Valjean era um homem permanentemente intranquilo. Pouco a pouco e sem que a maioria notasse, os soldados preguiçosos dos primeiros dias foram sendo substituídos por certos homens, que Valjean rapidamente intuiu serem espiões de Javert.

Não saberia exatamente o porquê ou como reconhecê-los. Havia algo perturbador no ir e vir de certos rostos que se repetiam nas ruas próximas ao convento. Seus olhos se mostravam mais atentos e minuciosos. Alguns chegavam a fazer anotações e, depois de uns poucos dias, Valjean percebeu que eram sempre os mesmos e, ainda que imperceptivelmente, trocavam sinais entre si.

Espiões. Não tinha nenhuma dúvida, por menor que fosse, de que eram espiões a serviço de Javert e, se eles estavam ali, rondando Petit-Picpus, certamente era porque Javert pelo menos suspeitava de que estivessem no convento. Não havia como se tranquilizar diante de tão sombria constatação. Houvesse alguma possibilidade de ele entrar e capturá-los e certamente já estaria se mobilizando. Mais dia, menos dia, apareceria. Não podiam ficar simplesmente de braços cruzados, esperando.

O que poderia fazer?

Sair seria apenas facilitar as coisas para ele e seus homens. Ficar também.

Impasse. Inquietude. Mais algumas noites maldormidas, assombrado pela perspectiva de ser surpreendido a qualquer momento no casebre nos fundos do jardim por Javert e seus homens.

Enervava-se. Precisava fazer alguma coisa, mas não sabia exatamente o quê.

Fugir?

Certamente.

Como?

Incapaz de dormir, em certas manhãs solitárias e ainda às escuras, passou a perambular pelas alamedas do jardim. Foi exatamente em uma daquelas caminhadas perpassadas de angústia que finalmente encontrou uma solução.

Caminhava atormentado por seus próprios pensamentos quando casualmente foi parar em um dos pátios do convento e se deparou com uma das internas de Petit-Picpus.

– Podíamos tentar colocar a menina como uma das internas – disse. – O que acha?

Fauchelevent balançou a cabeça e repuxou os lábios, pessimista.

– Isso me parece mais fácil falar do que fazer, meu amigo – contrapôs. – Não podemos simplesmente misturá-la às outras meninas...

– Por que não?

– As irmãs não são tolas e, acima de tudo, têm boa memória. Bastaria uma delas bater o olho em Cosette para que a pobrezinha fosse desmascarada e entregue no mesmo instante à polícia.

Valjean não se deixou abater:

– Tem de haver uma maneira...

Fauchelevent se calou por uns instantes, cofiando o pequeno cavanhaque. De súbito, seu rosto se iluminou com um sorriso e ele disse:
– Existe uma possibilidade.
Valjean interessou-se:
– Mesmo? Qual?
O sorriso despareceu dos lábios de Fauchelevent quando ele admitiu:
– De qualquer forma, pode ser bem arriscado.
– Deixe que eu seja o juiz disso, meu bom homem. Em que está pensando?
– Teríamos de sair... quer dizer, na verdade, a menina teria de sair e voltar...
– Como assim?
– Vocês dois sairiam e depois retornariam. Eu apresentaria Cosette às irmãs como minha sobrinha e você, como meu irmão e pai dela. O problema é...
– ... como sairemos, eu sei – atalhou Valjean, desanimado.
Silêncio.
Mais dúvidas.
A ideia era realmente sedutora, mas, por mais que pensassem e refletissem, cada nova proposta sucumbia à constatação irremovível de que o convento era extremamente bem vigiado pelos espiões de Javert, que certamente se interessariam por qualquer um que, fosse quem fosse, de lá saísse. Seriam rapidamente desmascarados e presos.
Mais do que seu próprio destino, horrorizava a Jean Valjean pensar na simples possibilidade de Cosette vir a ser apanhada pelo inspetor e devolvida para os Thénardier ou coisa ainda pior, como certas instituições nos arredores de Paris.
Repentinamente, Fauchelevent gritou:
– Madre Crucifixion!
Valjean encarou-o, espantado.
– Como é que é?

Recentemente, uma das mais antigas freiras do convento falecera e, como a prefeitura exigia, ela deveria ser enterrada. Ocorre que a veneranda religiosa, diante do inevitável de sua morte, deixara como derradeiro pedido o de ser enterrada no altar da capela do convento e preferencialmente no caixão em que dormia há exatos vinte anos.

– Nenhuma lei criada pelos homens sobrepujará o último desejo de uma serva de Deus! – asseverou a Madre Superiora, no que foi apoiada com entusiasmo por todas as outras freiras.

A situação caminhava para um grande impasse, e Fauchelevent viu nesse pequeno conflito a possibilidade de auxiliar seu salvador.

A argumentação foi irrefutável:

– A prefeitura certamente não verá com bons olhos essa sua decisão, Madre Superiora. Eles virão com todo aquele palavreado científico e falarão sobre condições de higiene, propagação de doenças e sabe-se lá mais o quê...

Poucas vezes vira-se a Madre Superiora de Petit-Picpus tão beligerante:

– Às favas com a prefeitura e seus regulamentos idiotas!

– Mas, irmã...

– Além do mais, como eles saberiam que Madre Crucifixion morreu?

– A senhora trouxe o médico para examiná-la e ele atestou a morte da Madre Crucifixion. Ele certamente deve ter informado a Prefeitura.

Certo temor anuviou o rosto suarento e furibundo da Madre Superiora, que, titubeando, indagou:

– Será?

– Nem tenha dúvida. Que alternativa teria?

A religiosa praguejou e, em seguida, enrubesceu de vergonha.

– Deus me perdoe... – gemeu, fazendo o sinal da cruz.

Fauchelevent achegou-se, insidioso:

– Mas se a irmã me permite uma sugestão...

Mais do que depressa, ele expôs seu plano: enterrariam Madre Crucifixion e seu caixão no altar da capela do convento como era o seu desejo e, em seguida, ele se incumbiria de levar um caixão, evidentemente vazio, para ser enterrado no cemitério mais próximo.

– Você teria coragem, Fauchelevent? – indagou a freira, pasma e desconfiada.

Fauchelevent assentiu com a cabeça e respondeu:

– Nem tenha dúvida, irmã, nem tenha dúvida...

Ao vê-lo entrar no casebre, Jean Valjean acercou-se e, ansioso, quis saber:

– E então? Como foi?

Fauchelevent sorriu, todo cheio de si, e respondeu:

– Bem mais fácil do que eu imaginava... agora, só temos de esperar.

– Esperar o quê?

– Ora, que escureça, o que mais?

Fiel a seu plano, naquela mesma noite e com o apoio de uma velha amiga, Fauchelevent colocou Cosette escondida num cesto que foi levado para fora do convento. No entardecer do dia seguinte, às escondidas, Madre Crucifixion foi enterrada no altar da capela, e um caixão vazio foi imediatamente enviado em cortejo para ser sepultado no cemitério de Vaugirard.

– Não se preocupe, meu amigo – disse Fauchelevent, enquanto fechava Jean Valjean dentro do caixão. – Já está tudo combinado com meu amigo Mestienne...

– Quem? – desconfiou Valjean.

– O coveiro de Vaugirard. É um grande amigo. Bom, e mesmo que não fosse, tanto faz. Se bem o conheço, quando chegarmos lá, ele vai estar muito bêbado... e, se não estiver, eu o embebedarei!

Infelizmente, um grande imprevisto quase pôs tudo a perder. Quando chegaram ao cemitério, Fauchelevent descobriu não apenas que Mestienne falecera, mas que fora substituído por um coveiro mais novo e que desconhecia qualquer papel na farsa montada com o sepultamento de Madre Crucifixion.

Jean Valjean quase deu efetiva utilidade ao caixão ao receber tão inesperada e assustadora notícia ainda dentro dele. Desesperou-se. Angustiado e absolutamente impotente, o coração batendo cada vez mais forte e acelerado no peito, mal podia acreditar no diálogo absurdamente casual e tranquilo que Fauchelevent travou com o novo coveiro acerca da fragilidade da vida e da estupidez que era, afinal de contas, a existência humana e outras tantas diatribes estapafúrdias; por muito pouco, a conversa não o fez abrir caminho a socos através da madeira do caixão e, obviamente, estrangular o amigo.

Repentinamente, um palavrão e passos apressados se afastando. O caixão se abriu no instante seguinte para que um sorridente Fauchelevent saísse das sombras e estendesse uma das mãos para ele.

– O que foi que você fez? – perguntou, os olhos passeando ansiosamente pelas outras tumbas ao redor. – Cadê o coveiro?

– Eu roubei o cartão dele – informou Fauchelevent, exibindo o que parecia ser um pequeno documento que tinha nas mãos. – Sem ele, o coitado paga uma multa pesada por sair do cemitério depois do fechamento, sabia?

– E aonde ele foi? – Valjean saiu apressadamente do caixão.

– À casa dele, aonde mais?

– Procurar o cartão?

– Pois é...

Os dois saíram apressadamente de Vaugirard e, na manhã seguinte, Fauchelevent apresentaria Valjean como Ultime, seu irmão, e Cosette como sua sobrinha. Madre Innocente, a prioresa, acolheu-os com entusiasmo, e palavras de reconhecida gratidão foram dirigidas ao simpático jardineiro de Petit-Picpus:

– Trata-se de uma criatura generosa, um verdadeiro anjo de bondade...

"Como a alma é triste quando está triste por amor!"

Capítulo 9

Não existe uma felicidade única e duradoura, e todos nós sabemos perfeitamente disso. Houvesse uma comparação mais adequada para a felicidade e poder-se-ia dizer que ela não passa de um extenso arquipélago constituído por ilhas de dimensões as mais variadas, espalhadas pelo amplo e trevoso oceano da existência humana. Estamos em todas e, na verdade, não habitamos nenhuma delas. Pelo menos, não por muito tempo. Vamos de uma para outra e construímos ilusões de alegria e prazer igualmente distintas na medida de nossas necessidades, mas, principalmente, de acordo com o quanto de dor, frustrações, tristezas e outros sentimentos ruins experimentamos.

Felicidade é bálsamo. Felicidade é ilusão. Felicidade é aquilo a que nos agarramos, mas fundamentalmente procuramos para tornar a vida pelo menos uma expectativa razoável de prazer, algo que justifique esse ir e vir ao longo da vida, que o qualifique talvez. Só talvez.

Se a vida é curta e existir é uma incerteza, por que haveria a felicidade de ser diferente?

Ela é precária e rara, valiosa e cara, e muito provavelmente apenas os loucos assumam ou se gabem de que a encontraram ou estiveram com ela por muito tempo.

Em várias ocasiões ao longo daqueles anos em que passaram por vários endereços, e tolamente acreditou que o casarão da Rue de l'Ouest seria o último dentre tantos, Cosette nunca se encontrou à mercê daquela paz absoluta, aquela tranquilidade livre de olhares furtivos e temores sempre presentes, que identificava como felicidade. Iludira-se algumas vezes. Acreditara que, em mais de uma ocasião, chegara a estar tentadoramente próxima. Quase sempre tudo se esvaía como fumaça e a empurrava precipitadamente para o desconhecido.

Nunca fizera amigas ou amigos onde quer que estivesse. Ser feliz ou esperar ser feliz era, antes de qualquer coisa, submeter-se à frustração e à dor de sequer ter tempo de se despedir. Os nomes se repetiam em sua mente: pessoas, lugares, fantasmas de uma existência incerta e frágil, fugaz como aquela pequena felicidade de poucos dias, meses incertos, melancolia intermitente, anos de fuga constante ou de receio permanente.

Um simples olhar mais prolongado. A impressão desagradável e intimidadora de ser reconhecida. O medo de confrontar-se ou partilhar de uma calçada, um restaurante ou a plataforma de qualquer estação com a suspeita de conhecer este ou aquele. Um breve cumprimento poderia transformar-se, em uma fração de segundos, em um verdadeiro tormento, torvelinho atordoante de suspeitas, e desfazer até a menor esperança de felicidade.

"Por que então prosseguir com tudo aquilo?", perguntava-se.

A resposta invariavelmente encontrava-se naquela figura imponente e eternamente furtiva, inquieta, que se transformara em seu protetor e único amigo. Os nomes grudavam e desprendiam-se com igual frequência e facilidade, mas, aos seus olhos, ele seria sempre Jean Valjean. Por causa dele, e apenas por causa dele, entregava-se àquele arremedo de satisfação, àquela tosca imitação de vida, à falsa e itinerante alegria de incontáveis endereços.

Infelizmente, o tempo passava e outros sentimentos tomavam de assalto até o coração mais agradecido e responsável. Nenhum era tão devastadoramente forte e destruidor de certezas inabaláveis quanto o amor. Ninguém lhe é inteiramente imune ou indiferente, por mais que tente e se esforce, e com Cosette não foi diferente. Não, ele não a alcançou com a força arrasadora de uma forte ventania, mas com a delicadeza de uma brisa morna em uma tarde ensolarada de julho no Jardim de Luxemburgo, e de um olhar trocado ao acaso.

Ah, o amor...

Teria sido ele a perpetrar o descuido que a fez abandonar o lenço em um dos bancos do jardim?

Que enredo maravilhoso proporcionara aquele olhar que a seguiu e com o qual cruzou furtivamente ao longo da volta para casa?

Sequer soube seu nome. Não recebeu o lenço de volta. Na verdade, assustou-se quando Valjean colocou-se entre ambos e, ainda mais, com a noite, quando Valjean se viu mais uma vez assombrado por antigos temores.

Ah, o amor...

Seus olhos. Seus olhos perdendo-se na distância, o lenço em uma das mãos. O coração batendo mais forte, angustiado, sem saber exatamente por que, incapaz de compreender o que acontecia tão de repente e sem a menor explicação.

Quis compreender.

Sim, mas o quê?

Nem sequer sabia seu nome e o perdia na imensidão sem fim dos medos que assombravam Jean Valjean.

Mais uma felicidade perdida.

*"A alma ajuda o corpo
e chega mesmo algumas vezes a ampará-lo."*

Capítulo 10

 Todos o conheciam simplesmente por Marius e muito pouco se sabia sobre ele, mesmo aqueles que com ele partilhavam a decrepitude e a ruína do velho casarão Gorbeau. Dizia-se que sobrevivia das traduções que fazia para um livreiro e que a maior parte do tempo estava envolvido em prolongadas discussões políticas com alguns amigos tão sonhadores e endividados quanto ele, ou às voltas com a polícia, que vigiava de perto as atividades de dezenas de grupelhos revolucionários que infestavam a cidade naqueles anos turbulentos entre o fim da Era Napoleônica e os vários, e por vezes efêmeros, governos que se seguiram a ela.

 Debalde perguntar-lhe ou tentar imiscuir-se em sua vida. Era uma figura solitária longe de seus companheiros de ideias e no casarão; se, por um lado, era popular e estimado por muitos vizinhos dos quais volta e meia se via como grande filantropo, em razão de, entre outras coisas, pagar-lhes os aluguéis atrasados, por outro passava a maior parte do tempo enfurnado no pequeno quarto que dividia com uma quantidade inacreditável de livros. Não que fosse avesso àqueles infelizes que abarrotavam os quartos da velha construção nas imediações de Salpêtrière, bem ao contrário, mas simplesmente parecia dedicar cada instante livre das agruras da luta pela sobrevivência a uma poderosa verve revolucionária que enchia páginas e mais páginas de escritos os quais se espalhavam pelas ruas e becos de toda a grande Paris. Óbvio, portanto, imaginar que seu silêncio, mais cedo ou mais tarde, seria território livre e sem limites para a imaginação alheia, e os primeiros boatos não tardaram muito a se espalhar.

Nossa, e como se falava dele e sobre ele!

Desconhecer-lhe o sobrenome não se revelou grande empecilho, mas, antes, mostrou-se poderoso combustível para que imediatamente alguns lhe pespegassem este ou aquele nome ilustre e, em torno dele, construíssem nobre biografia. A mais conhecida e, portanto, repetida o identificava como neto de um nobre falido de nome Gillenormand, que vivia em um senhorial casarão lá para os lados do Marais, na companhia da única filha que lhe restara depois que sua filha mais nova e mãe de Marius morreram, alguns anos após o nascimento do jovem revolucionário.

Pobre velho!

Vivendo sua pálida existência entre os muitos fantasmas de uma existência faustosa, mas há muito deixada para trás, o pior deles era a própria filha mais nova, que por todos os meios procurou afastar do pai de Marius e que, por conta disso, reduziu-a à miséria e, em seguida, levou-a à morte. Remorsos. Uma consciência culpada e permanentemente atormentada, o inferno cotidiano agravado pela presença da filha mais velha, notória em toda a região pelo seu fervor religioso e por uma mesquinhez indescritível.

E do pai?

Pouco se sabia e muito se inventava e se dizia. As versões mais aceitas atribuíam a paternidade de Marius ao Barão de Pontmercy.

Àquela época pouco conhecido, vozes mais antigas apresentavam-no como respeitado militar dos anos turbulentos da Revolução e um intransigente defensor da República e, mais tarde, um dos mais fiéis seguidores de Napoleão, o que o indispôs e, por fim, o levou a se antagonizar com o velho Gillenormand, membro dos mais destacados do Antigo Regime.

Muitos asseguravam que desaparecera nos últimos momentos dos gloriosos Cem Dias napoleônicos e sequer estivera ao lado do grande líder em seu ocaso em Waterloo, mas preocupado em salvar a própria vida. Outra versão atribuía um viés mais altruísta ao seu desaparecimento: odiado pelo sogro, ele abandonara o filho nas mãos de Gillenormand e da filha beata para não prejudicá-lo no recebimento de uma provável herança. Sacrifício inútil. O sangue revolucionário corria nas veias do jovem Marius e, por conta disso, depois de violenta discussão com o avô, este não só o deserdou como o expulsou do casarão da família.

Os mais sensatos atribuíam exatamente àquele rompimento familiar a presença de Marius em hospedarias sórdidas como a casa Gorbeau, muito mais do que às suas crenças tidas como radicais pelo velho Gillenormand. Dois ou três duvidavam delas e observavam que, apesar de tudo o que dizia e escrevia, Marius não era ligado a nenhum dos muitos grupos revolucionários que infestavam a periferia empobrecida de Paris. Até a sua conhecida generosidade era vista com reserva e indisfarçável desconfiança por muitos que dela se beneficiavam...

– De onde ele tira dinheiro para ser tão mão aberta? – perguntavam. – Será que acredita que nos venderemos por tão pouco?

Seja por causa dessa aura de mistério que envolvia sua figura jovial e sempre solícita, seja simplesmente por falta do que fazer, em muito pouco tempo novo boato se espalhou pelas redondezas, e diziam que Marius vagava pela região com o único intuito de cumprir uma antiga promessa feita ao pai no leito de morte. Nas versões mais recorrentes, o heroico Barão de Pontmercy participara da batalha de Waterloo e devia a própria vida a um antigo sargento das tropas napoleônicas chamado Thénardier. Também era uma maneira de expiar um irremovível sentimento de culpa.

Que sentimento de culpa?

Crescera acreditando nas palavras do avô, que dizia e repetia que o pai nunca lhe dera nenhuma importância e que simplesmente o abandonara. Acreditara em tudo o que ouvia sobre um pai que nunca chegou a conhecer. Somente alguns anos antes, por meio de um antigo frequentador da igreja de Saint-Sulpice, que a vida inteira frequentara com o avô e a tia, soube que, na verdade, Pontmercy nunca o abandonou, mas, pelo contrário, sempre esteve próximo. Para não prejudicá-lo e à sua presumida herança, escondia-se e, mesmo na igreja, esgueirava-se entre os fiéis, espreitando-o a distância.

– Ele nunca deixou de ser seu pai – assegurou o homem de nome Mabeuf. – Mas o que ele poderia fazer? Nada tinha para lhe dar a não ser um fim de vida passado à mercê da caridade e da boa vontade de antigos companheiros, como eu...

Perseguido pelo arrependimento tardio, Marius prometeu a si mesmo que se entregaria a realizar aquele último desejo do pai: encontrar seu benfeitor, o tal sargento Thénardier.

Seria verdade ou apenas uma das muitas histórias que se contavam sobre o jovem e solitário ocupante de um dos quartos da sórdida construção conhecida como casa Gorbeau?

Impossível saber. Aquelas histórias iam e vinham, repetidas através dos corredores e escadarias, na miséria do jardim descuidado onde reinavam o mato e o abandono, na tensa quietude dos quartos habitados por todo tipo de gente. Incendiava a curiosidade dos vizinhos, aguçando o interesse dos mais intrometidos, e, consequentemente, atraindo os olhares, sobretudo quando começou a sair com mais frequência de seu quarto e a passar cada vez mais tempo longe dele.

– Vocês viram? Até o terno é o melhor – observou uma das mais bisbilhoteiras do casebre Gorbeau, a carrancuda Madame Burgon. Era voz corrente entre os moradores do lugar que Marius possuía apenas dois ternos e que, nos últimos tempos, ele passara a sair somente com o melhor deles, e a sua própria figura aparentava uma jovialidade e alegria inesperada, o que a levou a declarar: – Não tenho a menor dúvida. Podem me cobrar. Nosso barãozinho revolucionário está apaixonado!

E estaria?

Sem dúvida.

Desnecessário qualquer olhar mais atento ou atilado. Tolice perguntar; ele não responderia e, certamente, não admitiria. O terno mais novo e bem mais elegante era a primeira pista, mas havia evidentemente vestígio mais fácil para perceber os novos sentimentos que animavam a alma e o coração de Marius.

Os olhos brilhantes dardejavam felicidade. Passos leves, porém contraditoriamente mais apressados, traíam ansiedade e interesse. Os sorrisos tornaram-se mais frequentes e eram distribuídos com facilidade em todas as direções, até para os olhares mais hostis.

– Agora ele não sai mais do Jardim de Luxemburgo – observou um dos companheiros por trás de um sorriso malicioso, lembrando-se de determinado dia em que ele e outros perceberam um evidente interesse de Marius por uma jovem que lhe retribuíra os olhares. – Apaixonou-se pela queridinha do velho Leblanc...

Marius passara dias e mais dias observando-a. Dias, semanas... pouco importava. O mais importante foi perceber que ela retribuía seus olhares, estava interessada. Imperturbável, não se incomodava nem com a figura maciça, sempre taciturna e vigilante, do velho que a acompanhava e que seus companheiros passaram a chamar de Leblanc, por causa dos cabelos fartos e absolutamente brancos.

Pai? Avô?

Pouco importava.

Ah, o amor...

Por dias, sequer soube seu nome.

Ursule.

Imaginou que aquele fosse seu nome ao encontrar um lenço que ela esquecera em um dos bancos do jardim. Lá estavam o que supôs fossem suas iniciais...

U.F.

Por fim, decidiu-se por segui-la, desorientado e, em certa medida, intimidado pela presença do gigante silencioso que a acompanhava. Viu-a entrar algumas vezes em um mesmo casarão de três andares na

Rue de l'Ouest e, em uma delas, recuou, sem saber o que fazer, quando seus olhos se encontraram com os do velho. Ele se colocou protetoramente entre ela e Marius e o encarou em um misto de curiosidade e temor. Nenhum outro gesto desafiador, intimidante ou visivelmente hostil. Nada. Única e tão somente a curiosidade. Certa inquietação no pestanejar repetido e inquieto que se via nos olhos de Leblanc nas várias vezes em que ele se virou e o observou enquanto entrava e, por fim, desapareceu atrás da porta.

No dia seguinte, uma surpresa apavorante esperava Marius no Jardim de Luxemburgo: ela desapareceu. Aliás, ela e Leblanc.

Mais dois ou três dias se passaram e Marius verdadeiramente se apavorou. Voltou à Rue de l'Ouest e perguntou pelo casal.

– O senhor é da família? – o porteiro inicialmente se mostrou reticente e até mesmo desconfiado.

– Não, não sou – Marius procurou ser sincero.

– Não é da polícia, pois não? Eu não quero me envolver em nada que...

– Também não sou da polícia – por fim, Marius explodiu: – Que diabos, homem? Será que você não pode me dar uma simples resposta? Eles...

– Eles se mudaram.

– Para onde?

– Ah, senhor, lamento. Não sei dizer. Eles simplesmente se foram...

*"Os grandes perigos
estão dentro de nós."*

Capítulo 11

Marius demorou a encontrar o caminho de volta para casa. Nunca antes o casebre Gorbeau lhe pareceu tão distante. Temeu perder-se. Desorientado e tomado por indescritível angústia, perambulou de um lado para o outro sem saber o que fazer ou mesmo para onde ia.

Pensava em Ursule. Sua doce e, naquele instante, inalcançável Ursule.

Onde estaria?

Para onde fora?

Que terríveis temores assombravam Leblanc a ponto de ele fugir tão rápida e precipitadamente?

Perguntas. Perguntas. Muitas e muitas perguntas.

Sentia-se cansado e só. Abandonado.

Estar apaixonado, tão irremediavelmente apaixonado, somente piorava a dor que sentia e se prolongaria por vários dias. Desorientou-se por tudo mais. Por vezes, mal o dia raiava e ele já se encontrava na rua, perambulando em tudo quanto era direção atrás da mulher amada, a Ursule cujo nome repetia em suas noites maldormidas, nos pesadelos que frequentemente o assaltavam. Conforme o tempo passava, sentia-se ludibriado pela ansiedade, enganado por seus próprios olhos. Muitas vezes, ela lhe aparecia pela frente, mas apenas para ele descobrir que eram outras mulheres, algumas sequer parecidas. Em certa ocasião, saindo de uma das ruas próximas ao Boulevard des Invalides, teve a impressão de ver Leblanc passar a poucos metros. Surpreendeu-se, pois ele vestia-se pobremente, como um operário.

Monsieur Leblanc! Monsieur Leblanc!

Tolo, apaixonado, realmente desesperado, gritou, agitando os braços e empurrando todos que se colocavam em seu caminho, entre ele e Leblanc, que ele sabia de antemão não se chamar Leblanc, mas que pareceu apressar o passo e se afastar ao perceber que era alvo dos apelos de Marius.

Gritou mais algumas vezes. Empurrou várias pessoas. Derrubou pelo menos uma. Foi empurrado por outras. Parou, olhando desorientadamente de um lado para o outro ao encontrá-lo mais a distância. A multidão. Algo o levara para bem longe.

Ou teria sido uma ilusão?

O desespero fazia ver coisas?

O que estava acontecendo?

Que pesadelo, que loucura...

O inverno chegara, e os dias se tornavam cada vez mais frios e inóspitos. Apesar disso, Marius continuava saindo pela manhã e passava até dias inteiros indo de um lado para o outro, buscando alguma resposta ou pelo menos alguma pista, qualquer pista que o levasse até a mulher que amava.

Ursule.

Nenhuma criatura humana seria capaz de desaparecer tão completamente.

Em algum lugar, certamente haveria uma pista. Precisava encontrá-la. Iria encontrá-la...

Tão absurdamente absorto, mergulhado em seus pensamentos encontrava-se Marius, que, em certa manhã de fevereiro, enquanto se afastava da casa Gorbeau e se preparava para subir o Boulevard, viu duas jovens vindo em sua direção com pelo menos três guardas municipais em seu encalço. Não conseguiu esquivar-se e desequilibrou-se ao ser empurrado por uma delas e, no instante seguinte, chocou-se com um dos guardas.

Esforçou-se para se levantar e estatelou-se de bruços no chão coberto de neve, a última das vezes encontrando os envelopes do que pareciam ser quatro cartas. Enquanto finalmente se punha de pé, apanhou-as e as guardou em um dos bolsos do casaco. Apenas à noite, quando voltou de outra peregrinação inútil pela cidade e as viu cair do bolso, lembrou-se delas.

Leu uma delas distraidamente e a curiosidade, apenas ela, levou-o a ler as outras. Estranhou. Eram pedidos, na verdade apelos desesperados por dinheiro feito a certas pessoas que Marius conhecia de nome e sabia serem pessoas de posses, até mesmo milionárias.

Considerou estranho, mas não lhes deu maior atenção. Tudo mudaria na manhã seguinte quando, ao sair de seu quarto, deparou-se com uma das filhas de Jondrette, seu vizinho do quarto ao lado.

– É para mim? – perguntou, encarando-a, antes de olhar com curiosidade para o pedaço de papel que ela tinha nas mãos.

– Meu pai mandou lhe entregar – informou aquela que se chamava Éponine e que, em seguida, desapareceu por trás da porta do quarto que ocupava com a irmã e os pais.

Desdobrou e leu o que estava escrito no pequeno pedaço de papel. Jondrette lhe pedia dinheiro. Marius inquietou-se, pois, comparando as letras das quatro cartas que carregava em um dos bolsos com as do bilhete que tinha nas mãos, chegou rapidamente à conclusão de que eram idênticas.

Maldisse Jondrette.

Vivia de explorar a boa-fé das pessoas e, pior ainda, valia-se das filhas para tal; reconheceu aquela que lhe entregou o bilhete como uma das duas jovens que, no dia anterior, se chocara com ele enquanto fugiam dos guardas municipais.

Bateram na porta mais uma vez. Ele abriu e aquela que ele conhecia como Éponine surgiu à sua frente.

– Meu pai mandou perguntar se o senhor vai poder nos ajudar – disse ela, estendendo uma das mãos.

Marius a encarou em silêncio por uns instantes e chegou realmente a pensar em ir até o quarto que ocupava com a família para censurar Jondrette por atitude tão ignóbil. Não teve coragem e, mais adiante, penalizado com o aspecto da menina, resignou-se a entregar-lhe todo o dinheiro que tinha nos bolsos.

Novamente a sós no quarto, já se preparava para vestir o paletó e sair quando teve a atenção atraída para um buraco em uma das paredes, exatamente aquela que separava o seu do quarto que Jondrette ocupava com a família.

Aproximou-se e, no primeiro momento, envergonhou-se. A visão do quarto de Jondrette era constrangedora. A pobreza era extrema e se espalhava por cada centímetro do cubículo malcheiroso. Quis recuar, nauseado, mas, neste instante, Éponine entrou, um largo sorriso iluminando o rosto sujo de fuligem, informando que alguém estava chegando.

– Muito dinheiro... – disse, esfregando os dedos de ambas as mãos uns nos outros, os olhos brilhantes de cobiça.

Marius mal pôde acreditar no que via quando Jondrette, a mulher e as filhas apressaram-se a desarrumar a única cama do quarto e a jogar em todas as direções as roupas velhas e esfarrapadas que tiraram apressadamente de um armário. Éponine quebrou um dos vidros da janela de forma que o vento frio que soprava no Boulevard invadisse o quarto e aumentasse a sensação de frio, e sua irmã mais do que depressa apagou o fogo da lareira e arrebentou o fundo de palha de uma das cadeiras, segundos antes de a porta se abrir e um homem de elevada estatura e vasta cabeleira branca entrar.

Mal pôde acreditar.

Era Leblanc.

O velho entrou e, sem nada dizer, abandonou um pacote de tamanho considerável no tampo de uma mesa.

Espantou-se ainda mais quando um vulto feminino recortou-se contra a luminosidade que se despejava pela porta aberta do quarto.

– Ursule... – balbuciou, com incredulidade.

Reconheceu imediatamente a mulher que procurava há dias. Aquela por quem estava apaixonado.

Como era possível?

Hesitou. Não por muito tempo. Segundos, minutos, não soube dizer. Sequer ouviu o que Leblanc disse a Jondrette, ou mesmo se algo foi dito. Mesmo quando ele e Ursule saíram, continuou paralisado, olhos esbugalhados, fitos na voracidade com que a família que ocupava o quarto ao lado se lançou sobre o pacote e o desfez sôfrega e desesperadamente, como se suas vidas dependessem do que havia dentro dele.

Dinheiro. Muitas notas. Mal o pacote se desfez e elas se espalharam pelo chão, Marius pode vê-las. Não soube precisar quanto, mas calculou que era uma grande quantia em dinheiro, o suficiente para que Jondrette e a família explodissem em eufórica e selvagem gritaria, sopesando pequenos punhados nas mãos e arremessando as notas para o alto.

A gritaria se prestou a arrancar Marius da letargia que o paralisara junto à parede e o fez precipitar-se na direção da porta de seu quarto, correndo no encalço de Leblanc e Ursule.

Decepcionou-se, pois, quando saiu do casebre, a carruagem em que viajavam se afastava e não passava de um grande e fantasmagórico vulto balouçante no entardecer invernal.

Irritou-se.

Não havia muito a se fazer. Tudo lhe soou confuso, irreal.

Ursule e Leblanc naquele antro e dando tão vultosa quantia em dinheiro para Jondrette. Desconfiou. Não aparentava ser somente caridade, e ele se perguntava o que seria exatamente.

Olhou em torno de si, como se procurasse alguma explicação no silêncio do anoitecer ou nas estruturas decrépitas do casebre sombrio às suas costas.

O que realmente estava acontecendo?

Encaminhou-se para a hospedaria. Não deu mais do que um par de passos antes de parar mais uma vez, a atenção atraída para a figura vulpina de Jondrette reunido com alguns outros homens que reconheceu imediatamente como sendo criminosos locais.

– Ele disse que vai voltar para trazer o dinheiro que eu pedi a ele para pagar os aluguéis atrasados – disse Jondrette como a celebrar a própria esperteza. – E, se eu o conheço bem, aquele idiota é um homem de palavra...

Gargalharam.

Marius não demorou muito para concluir que planejavam algum tipo de crime envolvendo Leblanc.

Reiniciou a marcha na direção do casebre. Éponine o esperava junto ao umbral da porta e sorriu maliciosamente ao vê-lo.

– Conhecia a moça? – quis saber.

– Não, não conhecia...

– Queria conhecer?

Marius aproximou-se dela.

– Foi você que os trouxe até aqui, não?

– E o que o senhor tem a ver com isso?

Marius não se preocupou em esconder a ansiedade que o dominava. Seria inútil. O olhar astucioso de Éponine capturara o seu interesse com facilidade e negá-lo se converteria em desnecessária perda de tempo, um tempo que ele não tinha para perder.

– Preciso saber...

– O quê?

– Onde eles moram.

– Meu pai não gostaria que eu lhe dissesse...

Marius angustiou-se:

– Eu pago...

Ela piscou um dos olhos e sorriu, divertida, ao dizer:

– Guarde seu dinheiro, se é que ainda tem algum. Não o quero...

– Eu insisto.

– Não precisa. Eu vou lhe contar... – o rosto de Éponine iluminou-se em uma expressão matreira de grande contentamento. – Mas só desta vez, viu?

– Obrigado!

– Não agradeça. O senhor é um homem bom. Dá dinheiro para nós sempre que pedimos...

Marius sorriu, surpreendido. Gratidão parecia-lhe algo difícil de se esperar vindo daquela família, mas, em todo caso, agradeceu e retornou a seu quarto. Não se passou muito tempo antes que ouvisse uma grande e barulhenta confusão de passos se misturando no quarto ao lado. Jondrette voltara na companhia de alguns dos mais perigosos criminosos das imediações.

Apenas Jondrette tagarelava arrogantemente, assegurando que aquele a que Marius chamava de Leblanc voltaria em breve e que deveriam estar preparados.

– Apesar da idade, ele ainda é um homem forte e, portanto, todo cuidado é pouco – alertou, transbordando de confiança.

– E quando ele volta? – quis saber um dos homens.

– Às seis...

Marius ainda se esforçou para se lembrar do nome pelo qual Jondrette se referira a Leblanc, mas preferiu não perder mais tempo. Desistiu. Estava claro que uma cilada esperava por ele e deveria apressar-se em alertá-lo.

Esgueirou-se sorrateiramente para fora de Gorbeau e já se afastava do casebre quando se lembrou de que Éponine ainda não lhe dera o endereço de Leblanc.

O que fazer?

Por fim, definiu-se por procurar a polícia e, tomada a decisão, encaminhou-se para uma delegacia nas proximidades da hospedaria. Um policial de aspecto soturno e poucas palavras o ouviu pacientemente.

Desde o princípio, sentiu-se pouco à vontade diante ele. Procurou ser o mais detalhista possível e lutou contra o próprio nervosismo e ansiedade para que seu testemunho não parecesse fantasioso ou, pior ainda, mentiroso. Aqui e ali, parou e esperou que fizesse alguma pergunta, questionasse esta ou aquela informação, inutilmente. O policial se limitava a ouvir, aqueles olhos desagradáveis pousados nele, incomodando-o.

Desagradável. Não conseguiria pensar em termo mais apropriado. Impossível entrever ou pelo menos perceber se acreditava ou não em sua narrativa. Terminado o relato, encarou-o e esperou que dissesse alguma coisa ou mesmo demonstrasse interesse em reunir outros policiais para sair em socorro de Leblanc, impedir que fosse de alguma forma agredido ou mesmo morto por Jondrette e seus companheiros.

– O que faremos agora? – perguntou, dando vazão a uma certa insatisfação.

Ele não lhe deu atenção ou demonstrou que o tivesse ouvido. Continuou encarando-o em silêncio. Perplexo, chegou a desconfiar de que o policial não acreditara em sua história e já se levantava quando este gesticulou para que continuasse sentado. No momento seguinte, abriu uma das gavetas de sua mesa e de lá, para surpresa de Marius, retirou duas pistolas.

– Proteja-se, meu jovem – disse placidamente, entregando-as a ele.

Marius as apanhou maquinalmente, sem compreender bem o que seu interlocutor pretendia fazer. Incapaz de dissimular a própria perplexidade, encarou-o e ainda insistiu:

– E o senhor? Vai fazer o quê?

– Não se preocupe – foi tudo o que disse, misterioso, mas de tal maneira assertivo que não deu margem a quaisquer outros questionamentos.

– Obrigado, inspetor...

– Javert. Inspetor Javert.

Marius saiu mais uma vez para a noite fria e silenciosa. Sentia-se intranquilo e ainda pouco à vontade com as pistolas que carregava. Por fim, enfiou-as à cintura e desceu a rua deserta.

Absurdo!

Preferia que os policiais o acompanhassem. Incomodara-lhe principalmente a frieza e o pouco caso com que fora tratado por Javert e, enquanto caminhava, chegou a temer que nem ele nem outro policial aparecesse no casebre Gorbeau.

Falsa impressão ou não, enquanto falava tivera a desagradável sensação de que ele não acreditara em nada do que lhe dissera.

Estaria imaginando ou exagerando se acreditasse que se tratava de uma brincadeira de mau gosto por parte de Javert?

Chegou a cogitar voltar sobre os próprios passos e exigir que ele e os policiais que por acaso estivessem na delegacia o acompanhassem.

Duas pistolas, pois sim...

O que poderia fazer contra bandidos experimentados armado apenas com duas pistolas?

Que espécie de louco era aquele policial?

Javert... Javert...

Um louco!

Entregue às suas dúvidas, Marius parou ao ver Jondrette esgueirar-se para fora do casebre e sumir na escuridão de um dos becos próximos. Em um ímpeto, decidiu segui-lo e foi o que fez, vendo-o entrar e sair de várias estalagens e pequenos bares com um número crescente de seguidores que, voltando para Gorbeau, contou em pelo menos cinco, cinco sujeitos truculentos e soturnos. Reconheceu pelo menos dois deles. Estavam entre aqueles com que conversava à porta da casa Gorbeau logo após a partida de Leblanc.

Desamparo. Incômoda sensação. Absoluto desamparo.

Olhou em torno, os olhos deambulando nervosamente pelas ruas e becos que se sucediam em seu caminho de volta à velha construção, poucos metros atrás de Jondrette e do sombrio bando de homens que amealhara. Temeu por Leblanc, o coração oprimido pelo temor de que Ursule o acompanhasse e se tornasse igualmente vítima daqueles criminosos.

Onde estaria Javert com os outros policiais?

A simples visão da coronha das pistolas que trazia enfiadas na cintura o levou a maldizê-lo mais uma vez.

Deixou que Jondrette e seu bando entrassem e, uns instantes mais tarde, marchou novamente em seu encalço, galgando ágil e apressadamente os degraus da escada que levava aos quartos. Esgueirou-se para dentro daquele que ocupava e entrincheirou-se junto ao buraco que lhe permitia observar o quarto ao lado, onde Jondrette, por meio de débeis sussurros e gestos nervosos, por vezes impacientes, distribuía funções e postava os comparsas na semipenumbra, certamente esperando Leblanc.

– Ele não vai escapar – garantiu um dos homens, postando-se em um dos lados da porta.

Um silêncio sobrenatural abateu-se sobre o velho casarão. Nenhum ruído, por menor que fosse, era ouvido. Era como se, de um momento para o outro, cada quarto, corredor ou espaço tivesse surpreendentemente se esvaziado. O frio cada vez maior somente agravava a sensação de abandono e inquietava tanto Marius quanto Jondrette e todos os outros emboscados no quarto vizinho.

Nada. Nenhum ruído. O menor movimento. Mesmo o vento que soprava desde as primeiras horas do anoitecer misteriosamente se calara.

Marius não parava de pensar em Javert.

Onde estaria?

Inconscientemente, com certeza procurando acalmar-se e resistir à espera mortificante, agarrou-se à coronha de uma das pistolas. Por fim, empunhou-a e engatilhou-a. À medida que o tempo passava, quis crer que Leblanc não viria. Mesmo que não conhecesse Jondrette muito bem e com o passar do tempo, Marius começou a suspeitar de que não era este o caso, dada a familiaridade com que conversaram na primeira vez em que os vira juntos; o velho gigante não se arriscaria a encontrá-lo naquele antro e àquela hora da noite se não o conhecesse.

Esforçou-se para acreditar naquela possibilidade. Percebeu que não estava sozinho naquela crença. Pelo menos um dos homens impacientou-se e chegou a ameaçar ir embora.

– Estamos fazendo papel de bobos – resmungou. – Ele não vem!

Sussurros tornavam-se mais frequentes à medida que o tempo passava. Reclamações. Jondrette grunhia ameaças. Contrariedade crescente. Promessas se misturando a novas ameaças. Jondrette, sempre Jondrette, a grunhir umas e outras. Sua esposa intrometeu-se, pedindo que tanto ele quanto os companheiros se acalmassem.

– Ele virá... – garantiu.

– Como você sabe? – perguntou um dos homens, com rispidez.

– Eu sei. Ele tem muito a perder se não vier.

– Quê? – quis saber outro dos homens.

– Como assim? – ajuntou um terceiro.

Jondrette irritou-se:

– Calem-se vocês todos! Principalmente você, mulher. Vai cuidar das meninas e nos deixe em paz.

– Eu só queria ajudar... – protestou a mulher, contrariada.

– Mais ajuda quem menos fala! – ralhou Jondrette, gesticulando vigorosamente para que ela se afastasse.

Aos poucos, os ânimos foram serenando, e a miserável construção mergulhou mais uma vez em um grande silêncio.

Expectativa de parte a parte. Os vultos entrincheirados na escuridão do quarto de Jondrette não desviavam os olhos da porta, enquanto Marius os vigiava pelo buraco da parede...

O frio aumentava. Era insuportável. O silêncio enervava, esmagador. A noite escorria por horas mortas e de uma espera cada vez mais infrutífera, pensavam, quando subitamente o rangido de passos arrastados nos degraus apodrecidos propagou-se pelo casarão.

"Era ele", diziam os olhares trocados em pesada ansiedade, antes de mais uma vez buscarem a porta que se abriu, a frágil luminosidade do corredor empurrando a escuridão para os fundos do quarto e iluminando a imensa figura daquele que esperavam há tanto tempo.

– Leblanc... – gemeu Marius, apertando com redobrado vigor a coronha da pistola que empunhava.

Um lampião apareceu como que por encanto em uma das mãos de Jondrette e iluminou um pouco mais o ambiente e os outros homens que imediatamente rodearam o recém-chegado.

– Eu já devia esperar por algo assim – admitiu ele, tristemente.

– Não me queira mal, meu bom amigo – disse Jondrette, por trás de um risinho zombeteiro, inclinando-se em sua direção, os rostos de ambos quase se tocando. – Um homem tem de fazer o que for necessário para sobreviver nos dias de hoje. Além do mais, você tem muito dinheiro e certamente uma pequena parte dele não lhe fará falta...

– Você não presta, Thénardier! – rugiu Leblanc.

Marius empalideceu. Por uns instantes, as pernas fraquejaram e ele apoiou o ombro esquerdo na parede para não cair. Vertigem. O quarto girava em torno de si, a consciência praticamente lhe escapando e quase o lançando ao chão, desacordado, ao ouvir aquele nome...

Thénardier.

Fora como Leblanc chamara aquele que, até uns instantes atrás, tinha e chamava de Jondrette.

Thénardier.

Aquele nome foi repetido outras duas ou três vezes enquanto discutiam.

Marius não conseguia acreditar. Absurdo. Aquele criminoso, o espertalhão que todos conheciam no casarão Gorbeau como Jondrette, não poderia ser o mesmo sargento das tropas napoleônicas a quem seu pai devia a vida e que lhe pedira para encontrar e ajudar.

Brincadeira perversa do destino.

Tremia dos pés à cabeça, embasbacado, diante de tão inesperada e decepcionante revelação. Três longos e penosos anos jogados fora, gastos procurando um homem que julgava um herói, uma criatura de bons princípios e que, naquele momento, descobria não passar de um crápula, a mais vil das criaturas.

Dúvida inesperada instalou-se em sua consciência.

Deveria honrar o compromisso assumido com o pai e ajudar aquela criatura abominável que se dispunha a explorar, roubar e até mesmo matar o pai da mulher que amava?

"Como? Como?", questionava-se, atormentado, completamente hipnotizado por drama ainda maior que se desenrolava no quarto ao lado.

Thénardier era Jondrette, não pairava sequer uma ínfima dúvida a respeito. As palavras da última carta que recebera do pai faziam-se recordação flamejante em lembrança ao mesmo tempo inoportuna e absolutamente inescapável. Repetiam-se uma após outra, confinando-o à amargura de uma decepção crescente e ao dilema de atendê-la ou não; ou, mais exatamente, como cumprir tal promessa e, ao mesmo tempo, salvar Leblanc.

Sua consciência se revoltava diante da menor possibilidade de ajudar de qualquer forma a alguém que se revelava um criminoso dos mais perversos e inescrupulosos bem diante de seus olhos.

Como ajudar o homem que provavelmente seria o assassino do pai da mulher que amava?

Acreditou que se equivocava. Aquele não poderia ser o sargento corajoso que salvara a vida de seu pai durante a batalha de Waterloo. Nenhum ser humano se transformaria tão radical e absolutamente.

Era uma simples coincidência de nomes. O egoísmo e a ganância daquela criatura abominável do quarto ao lado definitivamente não lhe permitiriam preocupar-se com qualquer outra vida que não fosse a sua própria. Dizia e repetia; apenas para, no momento seguinte, chafurdar no terreno movediço e traiçoeiro da dúvida mais atormentadora.

– Você me deve! Você me deve muito! – rugia ele, fora de si, espetando o peito de Leblanc com o indicador, como se o esfaqueasse. – Por sua causa, eu perdi minha estalagem e acabei na pobreza e sendo obrigado a roubar para sobreviver. Tivesse me dado o que eu lhe pedi e merecia...

– Eu lhe dei bem mais do que você merecia, seu patife – protestou Leblanc. – Depois de todo o sofrimento que você fez Fantine passar.

– Nós cuidamos da filha dela!

– E receberam um bom dinheiro por isso. O que estou dizendo? Nenhum dinheiro é suficiente para vocês dois, não é mesmo?

– A menina está bela e saudável...

– Não graças a vocês! Tivesse ficado mais um mês que fosse em suas mãos e hoje ela estaria no céu fazendo companhia à mãe, seu ordinário!

– Diga o que disser, você agora está em nossas mãos, Valjean, e vai nos dar o que...

– Canalha!

Os dois discutiam violentamente. Thénardier estava completamente fora de si e passou a xingar o velho Leblanc. Insistiu em chamá-lo por outro nome, e Marius imaginou que fosse o verdadeiro nome daquele que ele e os amigos haviam chamado de Leblanc desde a primeira vez em que o viram no Jardim de Luxemburgo na companhia de Ursule. A confusão era tamanha que, em dado momento, um dos homens que rodeavam a ambos achegou-se a Thénardier e disse algo que o irritou, fazendo-o virar-se para encará-lo. Leblanc aproveitou-se do breve momento de distração e apoderou-se de um dos poucos móveis existentes do quarto. Antes que todos se refizessem da surpresa, arremessou-o sobre os outros homens e tentou alcançar a janela.

– Ele está querendo fugir! – alertou um dos bandidos, atirando-se sobre suas costas e o prostrando de bruços no chão.

Thénardier e os outros homens se juntaram a ele. Um pontapé desferido por Leblanc lançou um deles contra a parede e a fez estremecer ameaçadoramente. Marius pensou que desabaria sobre ele e recuou, assustado. Dois ou três socos golpearam o vazio antes que um quarto explodisse com violência na têmpora esquerda do antigo estalajadeiro, que ficou cambaleando desorientadamente pelo quarto. Uma confrontação renhida, mas desproporcional, Leblanc por fim sucumbiu a uma violenta saraivada de golpes que se despejou sobre ele. Cordas apareceram rapidamente nas mãos de seus adversários e lhe manietaram os braços e as pernas. Estirado de costas na cama, vencido, por fim resignou-se a ouvir Thénardier:

– Você vai escrever uma carta para Cosette... – principiou ele.

– Nunca! – gritou Leblanc, debatendo-se e tentando chutá-lo.

Nova saraivada de socos despejou-se sobre ele dos dois lados da cama. Leblanc encolheu-se, urrando de dor, antes que Thénardier gesticulasse para que os comparsas parassem e se afastassem.

– Como eu estava dizendo – continuou –, você vai escrever uma carta para Cosette. Peça que venha até aqui...

– Eu não tenho mais nem um tostão para lhe dar!

Thénardier sorriu.

– Apenas escreva a carta, está bem?

Leblanc concordou. Os outros homens levantaram-no da cama e o sentaram em uma das duas cadeiras existentes no quarto. Ele fez o que lhe pediram. Thénardier tirou-lhe a carta das mãos e informou:

– Vamos ficar com Cosette, ouviu bem? Nós vamos ficar com ela e só vamos devolvê-la se você nos der duzentos mil francos.

– Mas eu não tenho tanto dinheiro – disse Leblanc.

Thénardier dobrou a folha de papel e entregou à esposa. Ela apanhou e rumou para a porta, saindo apressadamente.

– É o que vamos ver... – falou Thénardier, por trás de um risinho zombeteiro.

Marius, que a tudo testemunhara do pequeno buraco da parede entre os quartos, angustiou-se. Thénardier pretendia sequestrar a mulher que amava. Desesperou-se. Imaginava que, tão logo lesse a carta, ela se preocuparia com Leblanc e se limitaria a seguir todas as instruções, sem atinar que seria a única vítima em seu próprio sequestro.

O que fazer?

Abraçado à pistola que tinha nas mãos, deixou-se levar pelos piores temores.

E se realmente, como dissera Leblanc, eles não tivessem os duzentos mil francos exigidos por Thénardier?

Temeu que assassinassem tanto pai quanto filha. Aliás, depois de tudo o que ouvira, considerava mais do que uma possibilidade. A Thénardier evidentemente interessava a vultosa quantia que pediria de resgate, mas Marius entreviu em suas palavras algo bem mais perturbador. Havia um ressentimento profundo, uma ânsia por vingança e, diante disso, talvez o dinheiro não fosse suficiente para satisfazê-lo, e ele, de uma forma ou de outra, decidisse matá-los.

Não permitiria. Mesmo com apenas duas pistolas e naquele momento, não esperando ajuda alguma da polícia, invadiria o quarto ao lado e resgataria Leblanc antes que a mulher de Thénardier retornasse com Ursule...

Cosette?

Ouvira-lhe o verdadeiro nome e ainda não se habituara a chamá-la pelo próprio e igualmente encantador nome.

Como fora tolo, disse de si para si. O lenço encontrado no banco do Jardim de Luxemburgo, afinal de contas, não era dela, mas do pai, Ultime Fauchelevent, daí a origem das iniciais UF nele encontradas.

Não, não esperaria para vê-la sofrer ou, pior ainda, morrer nas mãos daqueles homens.

Sacou a segunda pistola e rumou para a porta. Invadiria o quarto ao lado e deixaria nas mãos de Deus o seu destino e o do velho Leblanc.

Parou ao ouvir passos apressados no corredor. A mulher de Thénardier retornava e entrou no quarto que ocupavam, gritando:

– Ele nos deu o endereço errado!

Marius retornou ao buraco na parede com as duas pistolas nas mãos e pôs-se a ouvir.

– Como é que é? – perguntou Thénardier.

A mulher apontou para Leblanc sentado na cama e insistiu:
– Aquele velho maldito nos deu o endereço errado!

Tanto os olhos de Thénardier quanto os de seus comparsas convergiram para Leblanc. Marius engatilhou a segunda pistola e pensou em atirar através do buraco em qualquer um deles.

– Vão matá-lo... – balbuciou.

Nem chegou a disparar, pois, no momento seguinte, tanto ele quanto Thénardier e seus comparsas foram surpreendidos por Leblanc. Diante da aproximação do pequeno grupo de bandidos, ele rapidamente pôs-se de pé e recuou na direção de um fogareiro junto da cama, do qual retirou um pequeno, mas ainda fumegante, formão.

– Venham! – desafiou, brandindo-o furiosamente e arremetendo contra o bando.

– O que há com vocês? – protestou a mulher de Thénardier, com irritação. – Ele é apenas um!

Os bandidos avançaram e encurralaram Leblanc em um canto do quarto. Ele tentou golpeá-los e, em dado momento, certamente desesperado, queimou o próprio braço e, em tom desafiador, perguntou:
– Então, quem vai ser o primeiro?

Os bandidos hesitaram. Marius também. Chegou a erguer a pistola e pensou em disparà-la pelo buraco na parede. Não conseguiu. Pensou no pai e na promessa feita. Temeu balear Thénardier e, assim, quebrar a promessa feita.

O que fazer?

Mais cedo ou mais tarde, Thénardier e os outros bandidos superariam o medo e se lançariam sobre Leblanc. Ele não teria a menor chance. Certamente morreria.

Pensou em atirar para o alto, mas desistiu, pois poderia atingir Thénardier acidentalmente.

Olhou ao redor e, neste momento, avistou um bilhete que uma das filhas de Thénardier deixara cair ao esbarrar nele enquanto fugiam de alguns guardas municipais. Chegara a lê-los e, naquele instante, uma ideia, das mais estapafúrdias possível, passou-lhe pela cabeça.

Na verdade, nem se tratava de um bilhete, mas antes de uma mensagem rabiscada apressadamente em pedaço de papel e com um único intuito: proteger os pais.

Dizia:

"A polícia está vindo aí!"

Não perdeu tempo. Arrancou um pedaço de reboco da parede e o embrulhou com o bilhete. Em seguida, arremessou-o pelo buraco e voltou a engatilhar a pistola, apontando para dentro do quarto vizinho, uma precaução caso seu plano falhasse. Respirou fundo e esperou que um dos bandidos tivesse visto o bilhete, que bateu na parede no lado oposto, bem junto à janela, e caiu exatamente entre eles e Leblanc. O próprio Thénardier o viu e agachou-se para pegá-lo, sem imaginar que estava sob a mira de Marius.

Fosse pela tensão reinante, fosse pelo temor que lhe infundia a polícia, ou mesmo por estarem de costas para a janela e imaginarem que o bilhete embrulhado na pedra viera de fora do pardieiro em que residiam, fato é que, ao desfazer o pequeno embrulho e ler a mensagem escrita por uma das filhas, Thénardier recuou, assustado, e gritou:

– Vamos embora, gente! A polícia está lá fora!

A mais completa confusão instalou-se no quarto e sobreveio terror ainda maior entre todos quando a porta escancarou-se barulhentamente e Javert e numeroso grupo de policiais entrou, brandindo suas armas.

– Rendam-se todos! – ordenou ele, entre peremptório e truculento.

Pegos absolutamente de surpresa e vendo-se sob a mira das armas, todos recuaram para o fundo do quarto de braços erguidos e sem a menor disposição para resistir e, inapelavelmente, morrer. A exceção foi a destrambelhada Madame Thénardier, que, depois de atirar sobre os policiais tudo o que encontrava ao alcance das mãos, esperneou e estapeou por um bom par de minutos, antes de ser completamente dominada.

Marius saiu precipitadamente de seu quarto e irrompeu no do vizinho, mal acreditando nos próprios olhos. Reconheceu Javert e, enquanto lhe devolvia as pistolas, veio a saber que ele não apenas acreditara no que lhe contara como, por conta disso, passara o dia inteiro vigiando o casarão Gorbeau.

– Mas, afinal de contas, qual deles é o tal Monsieur Leblanc? – perguntou Javert, apontando para os Thénardier e seus comparsas, que saíam do quarto escoltados pelos policiais.

Marius encarou-o, boquiaberto e ainda mais surpreso do que ele. Entrou no quarto e debruçou-se até mesmo no peitoril da janela, os olhos indo de um lado para o outro, ao longo dos becos e vielas próximos, antes de voltar a encará-lo e admitir:

– Ele não está aqui...

Leblanc, sabe-se lá por quais razões ou circunstâncias, simplesmente desaparecera.

"Quebrar os laços que as unem parece ser instinto de certas famílias miseráveis."

Capítulo 12

Nenhuma dor. Nenhuma maior emoção. Até mesmo um certo desprendimento.

Gavroche até lançou um demorado olhar de curiosidade para cada um deles, provavelmente buscando algo que o ligasse a eles. Família. A palavra era aquela mesma, família. Nada viu sequer parecido entre eles. Certa semelhança com as irmãs, mas nada além disso. Nada que justificasse demonstrar qualquer sentimento mais profundo. A bem da verdade, enquanto os via distanciar-se rua abaixo, escoltados pelos policiais, nem pensou em entrar no pardieiro à sua frente, pois o casarão Gorbeau sempre fora mais o lar deles do que propriamente o seu. Ia de tempos em tempos visitá-los, sem nunca saber exatamente o porquê, e pronto.

Desde que adquiriu consciência do mundo à sua volta, Gavroche sabia que era só no mundo. Obviamente, existiam um homem e uma mulher em algum lugar daquela grande cidade que, sob outras circunstâncias, chamaria até com certa facilidade de pai e mãe, mas, apesar de conhecê-los e mesmo visitá-los vez ou outra, a rua era seu lar, e os incontáveis moradores das ruas de Paris, a sua família mais duradoura. No mais, era Gavroche e nada além de Gavroche. Nome. Sobrenome. O suficiente.

Gavroche.

Jondrette ou Thénardier, tanto fazia. Nada significavam para ele. Estavam indo para a cadeia. Certamente seriam presos. Talvez jamais retornassem ao casarão e, muito provavelmente, talvez jamais voltasse a ver qualquer um deles. Pai, mãe, irmãs. Nem eram passado para ele. Repetiu várias vezes como se intimamente quisesse ainda se convencer ou resignar-se ao fato.

As ruas davam-lhe 11 anos, 13 para alguns, mas tudo era incerto quando se tratava de Gavroche. O corpo mirrado, de extrema palidez, conferia-lhe bem menos anos, 9 talvez. Todavia, o ar zombeteiro e os olhos maliciosos, sempre atentos, acrescentavam bem mais do que se poderia sequer supor. Roupas largas o vestiam, e, sempre que alguém insistia em saber onde as conseguia, divertia-se afirmando:

– O defunto era maior...

Ganhava. Uma velha solitária e beata, penalizada com sua quase nudez ou com os trapos que volta e meia estava vestindo, presenteava-lhe com muitas delas. Outras tantas retirava do lixo de gente endinheirada. Os padres davam alguma coisa. As freiras não eram tão generosas. Nos últimos anos, limitava-se a pegar o que lhe agradava.

Paris inteira era seu lar, mas, nas ruas e becos do Boulevard du Temple, sentia-se príncipe ou até mesmo rei. Quando queria desaparecer, ficar invisível, era nas imediações do Château-d'Eau, entre seus inúmeros bandos de meninos de rua, que se escondia. Mas seu lar era todo lugar e, ao mesmo tempo, lugar nenhum. Muitos asseguravam que, na verdade, ele não ficava em nenhum lugar, pois no lugar onde sempre quis ficar não podia, não queria ou, o que era mais doloroso, não o queriam.

Onde?

Ninguém sabia com exatidão.

– É lá para os lados de Salpêtrière... – repetiam.

Ao pouco que se sabia facilmente acrescentavam-se os boatos, a imaginação, que, como sabemos, é sempre melhor do que o fato. Ele ia visitar a mãe, que não fazia a menor questão de demonstrar-lhe carinho e afeto e, indo ainda mais longe, detestava-o, pois lhe recordava o pai de Gavroche, em tudo a ele semelhante. Alguém certa vez disse que o menino buscava o pai que nunca conheceu e sabia ainda vagar pelas redondezas do velho casarão Gorbeau. Outro boato garantia que fazia tão longa viagem apenas para rever as duas irmãs, às quais devotava um amor enorme.

Na verdade, por falta do que fazer e para conseguir de algum modo sobreviver à vida cruel e injusta que tinham, a gente das ruas e dos recantos mais miseráveis da cidade valia-se do sonho e da imaginação. Criar e contar histórias era uma boa razão para se abrir os olhos e enfrentar o dia seguinte, por que não?

Depois de ver os Thénardiers presos, Gavroche ainda perambulou pelas ruas próximas ao pardieiro Gorbeau por vários dias. Em um deles, reencontrou Marius, o vizinho de seus pais. Gostava dele e Gavroche não gostava facilmente, não. Mas com Marius sempre fora diferente. Tinha gratidão por ele. Em uma das muitas vezes em que seus pais deixaram de pagar o aluguel do quarto, Marius tivera pena deles e pagara os meses atrasados, impedindo que fossem postos na rua.

Nunca esquecera, particularmente porque Marius não tinha muito dinheiro e quase sempre lidava com muita dificuldade para manter o aluguel em dia. Encantava-lhe sobremaneira aquele desprendimento que o fazia preocupar-se com os outros, algo raro naqueles tempos turbulentos que viviam, em que os poderosos se agarravam ferozmente aos seus privilégios e buscavam criar outros, e os miseráveis se amontoavam nos recantos mais sombrios, remoendo ressentimentos intermináveis, ódios muito antigos, esperando ansiosamente por aqueles que os liderariam na grande revolução que mudaria toda a França em um piscar de olhos.

Volta e meia, cruzavam o caminho um do outro. A grande revolução estava prestes a chegar para redimir a todos, não era o que diziam?

Marius estava entre eles. Ele e amigos como Courfeyrac e Enjolras alimentavam o calor embriagador da esperança no coração de cada um daqueles milhares de desesperados que esperavam por melhores dias. Suas palavras falavam de dignidade, respeito e outros tantos sentimentos que tinham pouco ou nenhum valor para a maioria das pessoas na grande cidade.

Gavroche deixou-se seduzir pelos ideais daqueles jovens revolucionários. Para onde iam aqueles que se definiam como a Associação Amigos do ABC, Marius entre eles, lá ia Gavroche. Cansara-se dos golpes e das maldades, da exploração da boa-fé das pessoas, das torpezas que aprendera com o pai e as irmãs.

Queria um novo destino para si e para aquela gente sofrida com a qual convivia. Afastou-se dos bandos de meninos de rua. Parou com os roubos e, pior, quando Éponine, uma das irmãs, escapou da prisão meses mais tarde, por falta de provas, e lhe pediu que ajudasse na fuga do pai e de outros companheiros de crime, o fez relutantemente. A consciência pesou-lhe por semanas. De um momento para o outro, não lhe bastava apenas viver pelas ruas de Paris, mas, antes, transformá-la em um lugar bom, decente e, acima de tudo, para todos. Todos mesmo, e não apenas para os ricos e privilegiados.

Muitos riam dele quando se punha a dizer tais coisas. O próprio pai rira dele. Zombara. Ele e os criminosos que o seguiam e já se preparavam para novos crimes um pouco depois de fugirem da cadeia. Somente Éponine se dispusera a ouvi-lo respeitosamente, mesmo que, como ela mesma admitira, no fundo, no fundo, pouco ou nada compreendesse sobre aquelas "tais coisas de revolução".

Ela dizia que queria saber mais. Perguntava. Questionava. Misturava-se aos jovens revolucionários aonde quer que fossem. Insinuava-se para Marius. Gavroche achava graça. Sabia que a irmã estava bem mais interessada em Marius do que na Revolução. Estava tão apaixonada quanto Marius. Desgraçadamente, a paixão de Marius era por outra, e Éponine era a primeira a saber. Na verdade, por conta de uma promessa, ela o estava ajudando a encontrá-la.

Pobre Éponine...

Como era tolo o amor.

Gavroche preferia a liberdade das ruas. Preferirira sempre. Lar era onde se sentia bem e, nos últimos tempos, seu lar era um enorme elefante de doze metros de altura e extremo mau gosto, construído ainda nos tempos de Napoleão e abandonado na Praça da Bastilha. Dentro de sua enorme barriga, sentia-se seguro, protegido dos males do mundo e absolutamente livre para escolher o seu próprio destino.

Viva a revolução!

*"...depois, ainda para viver,
porque o coração também necessita de alimento, amou."*

Capítulo 13

Poucas angústias são tão cruéis e permanentemente dolorosas como a angústia de amar e não ser correspondido. O coração sangra, é ferida imensa, incurável, mas apenas para nossos olhos e para o nosso sentimento. Profunda dor. Dor que não passa. A pior delas, exatamente aquela que muitas vezes somos obrigados a esconder por trás de um sorriso ou de um falso desinteresse.

Pobre Éponine, seu amor fora vitimado pela impossibilidade desde o início, desde que Marius se mudou para o quarto ao lado daquele que ocupava com os pais e os irmãos. No princípio, por culpa de si mesma, que se refugiou na distância e na vergonha para não ir além de um sorriso distraído ao passar por ele, ao cruzar o seu caminho no sórdido casebre Gorbeau.

Como acreditar que alguém como Marius se interessaria por ela?

De que maneira não se envergonharia do que fazia?

Enganava. Roubava. Prostituía-se pelas ruas.

Pior do que o inevitável de sua condição, apenas o olhar de nojo e desprezo que Marius lançaria sobre ela no momento seguinte àquele em que lhe diria o quanto o amava.

Nunca, de modo algum. Morreria antes de submeter-se a tal humilhação.

Por fim, resignou-se. Satisfez-se com o sorriso ocasional. O olhar amistoso naquele entrar e sair do pardieiro onde viviam.

O que fazer?

Nada realmente.

Nem de longe dispôs-se a alimentar sonhos grandiosos.

A troco de quê?

Mais dia, menos dia, Marius partiria, e o sofrimento e a amargura seriam bem maiores.

Resignação.

Resignou-se.

Partilhá-lo com seus ideais revolucionários nem se mostrou ser algo tão ruim. Enquanto ele estivesse ocupado tentando salvar o mundo ou mesmo, ambição maior, transformá-lo, sempre existiria a esperança de sobrar para ela uma migalha de sorriso, um olhar mais carinhoso e, quem sabe, até o aconchego de seus braços em noite fria e ansiosa por um pouco de carinho, fosse lá de quem fosse, mesmo dela.

Tudo mudaria depois daquele dia em que o pai e os amigos tentaram sequestrar a bela filha do velho que chamavam de Jean Valjean. As derradeiras esperanças empalideceram diante da triste constatação de que o coração de Marius pertencia a outra, mais exatamente à bela filha do velho misterioso.

Não era algo que ele dizia. Desnecessário. Completamente desnecessário. Bastava observar a expressão em seu olhar ou o tom apaixonado de sua voz sempre que a mencionava.

Difícil controlar as próprias lágrimas quando ele a mencionava. Um grande absurdo.

Sequer sabia seu nome e se deixava levar por tão profunda e embriagadora paixão daquela maneira...

Escapava-lhe à compreensão um amor tão intenso feito de tal precariedade e tão completa e, pelo menos a seus olhos, incompreensível devoção. No entanto, muito rapidamente soube que não havia coisa a se fazer para reconquistar aquilo que, na verdade, nunca tivera. A simples visão de Marius saindo em desabalada carreira do casebre atrás da carruagem em que sua amada se encontrava, a angústia e o desespero em seu rosto a abandonaram àquela resignação que a fazia se satisfazer simplesmente por estar ao lado dele e até mesmo lhe garantir que a encontraria para ele.

A grande satisfação em seus olhos encheu seu coração de felicidade. A gratidão sincera de suas palavras foi mais do que suficiente para ela, que, de qualquer forma, aprendera a viver das migalhas que o mundo lhe atirava ou que dele ela surrupiava.

– Ela vive com o pai em uma casa na Rue Plumet... – informou, e não apenas o fez, mas se ofereceu para levá-lo por todo o bairro de Saint Germain até alcançarem a pequena e sólida construção.

Afastou-se quando ele entreviu a mulher amada entre as árvores do jardim que ocupava toda a parte da frente da construção. Tanto amor e o consequente distanciamento de tudo mais que não tivesse a ver com ele magoaram Éponine, e ela preferiu ir embora. Não foi muito longe, jamais iria. Mesmo diante da inevitável melancolia que era ver o casal feliz e apaixonado, insistiu em uma proximidade invisível aos olhos tanto deles quanto do velho Valjean e de uma empregada de nome Toussaint.

– Como a alma é triste quando está triste por amor...

A frase dita por Marius àquela que tanto amava feriu dolorosamente o coração já tão sofrido da pobre Éponine, que não foi capaz de resistir e chorou silenciosamente a distância, vítima impotente de felicidade alheia e, pelo menos para ela, muito cruel.

A tristeza era tamanha que em mais de uma ocasião pensou em simplesmente deixá-lo e a seu amor de lado, entregues a sua grande paixão, tão grande que Marius não pensava em outra coisa e frequentemente se afastava de seus amigos revolucionários para dedicar-se àquela que soube chamar-se Cosette. Nunca o fez. Por mais que se irritasse, ela sempre estaria por perto, não muito distante dos passos de Marius.

Ele a viu muitas vezes e chegou a lhe pedir que não contasse a ninguém o paradeiro de Jean Valjean e Cosette.

Bobagem!

Ela jamais trairia a sua confiança. Nunca, em tempo algum, com ninguém. Pelo contrário, continuaria zelando por ele e apenas por ele. Pensava nele quando, na companhia de Gavroche, ajudou o pai e seus comparsas a fugir da prisão e soube que a quadrilha pretendia assaltar uma casa exatamente na Rue Plumet.

– Este vai ser um trabalho dos mais fáceis – garantiu um dos bandidos. – O proprietário é um homem de posses e vive na casa com a filha e uma empregada tão velha quanto ele.

Éponine os acompanhou e soube que pretendiam assaltar a casa de Jean Valjean. Nem Thénardier nem os outros bandidos desconfiavam do fato. Na verdade, jamais ficaram sabendo e não perceberam que Éponine estava atrás deles nos dias que antecederam ao assalto. O pai enlouqueceria de raiva se soubesse que fora ela que frustrara seus planos.

Ah, o amor...

Foi por amor e apenas por amor, por amor a Marius, que se arriscou tanto seguindo Thénardier e a quadrilha. Não seria por nenhuma outra razão que, ao vê-los se aproximarem da casa na Rue Plumet, empoleirou-se na cerca que separava o jardim da rua deserta e pôs-se a gritar bem alto e desesperadamente, atraindo a atenção dos moradores das casas vizinhas e afugentando os ladrões.

Ela corria riscos por Marius. Preocupava-se com sua crescente dificuldade financeira; nos últimos tempos, as traduções escassearam, e Marius vivia praticamente dos empréstimos conseguidos junto ao amigo e companheiro de lutas do grupo Associação Amigos do ABC, o voluntarioso Courfeyrac, com quem inclusive dividia o apartamento. Ocupava-se em alertá-lo e aos outros jovens revolucionários sobre os espiões infiltrados pelo governo, a vigiá-los onde quer que estivessem ou se reunissem. Aliás, nesse aspecto, ela e o irmão mais velho alimentavam um interesse comum pelos revolucionários: ela sempre nos calcanhares de Marius, e Gavroche seguindo caninamente os passos de Courfeyrac.

Nenhum sacrifício era grande o suficiente para Éponine quando se tratava de Marius e, em igual medida, nada a angustiava mais do que o temor sempre presente de que, mais dia, menos dia, até mesmo aquelas tolas migalhas de amor que se dava sem proveito algum lhe fossem negadas. Cosette e o pai eram fugitivos, bem sabia, apesar de ignorar completamente o que tanto os assustava e os obrigava àquela fuga constante. Em pelo menos uma ocasião, o pai insinuara conhecer a razão de medo tão profundo, e um nome, Javert, foi pronunciado sem que, no entanto, ela soubesse de quem se tratava ou por que pai e filha fugiam dele há anos. Sua devoção a Marius era completa, mas infelizmente tinha a mais perfeita compreensão de que ela só não era maior do que a que Marius dedicava a Cosette. No momento em que ela e o pai mais uma vez tivessem de retornar àquela desalentadora rotina de fugas, ele não pensaria duas vezes e a acompanharia.

Éponine não alimentava ilusões e sabia que aquele dia chegaria. Apesar disso, angustiou-se tanto ou mais do que Marius quando, logo após afugentar o pai e os outros bandidos, impedindo-os de roubar a casa da Rue Plumet, ouviu aquelas palavras terríveis de Cosette:

– Meu pai disse que teremos de partir novamente...

O desespero de Marius foi indescritível. Fez promessas. Argumentou que juntos poderiam encontrar uma solução melhor, nada tão drástico quanto a separação. Angustiado, chegou a escrever o endereço de Courfeyrac no muro atrás de si e em cuja grade Éponine estava agarrada e a tudo ouvia, tão mortificada quanto ele.

– Não faça nada antes que eu...

Outra promessa. Mais desespero. Palavras tão comuns àquele momento em que a perda se faz praticamente incontornável e o coração se vê vitimado pela pior das dores.

– Meu pai quer ir para a Inglaterra... – informou ela.

– Não... – Marius mal conseguia falar; no auge do desespero, chorou.

O que faria?

Em que pensava?

Éponine refugiou-se na escuridão da noite e também chorou, pois sua perda não seria menor.

Marius...

*"De quem tem o coração morto,
nunca os olhos choram."*

Capítulo 14

O velho Gillenormand empertigou-se, o corpo magro praticamente engolido pela imensa poltrona em que estava sentado em um dos extremos da sala mal iluminada. Seus olhos se estreitaram e, confuso, parecia definir se refletiam as chamas do fogo que crepitava na lareira ou, pelo contrário, alimentavam-nas, dardejantes e inquisidores. Fossem outras as circunstâncias e Marius jamais se disporia a quebrar a própria promessa e voltar a pôr os pés naquela casa e, mais que tudo, a ficar frente a frente com o avô.

Lembrava-se bem (como poderia esquecer?), haviam dito palavras bem duras um para o outro na última vez em que se viram, e o persistente olhar do velho aristocrata, tanto quanto a carranca silenciosa, mas indisfarçavelmente hostil, não deixava dúvida de que muitas cicatrizes ainda estavam abertas na relação entre os dois. Não esperava nada diferente.

Marius não o perdoava pelas palavras duras e especialmente cruéis que dissera sobre seu pai, e a defesa que fizera tanto dele quanto de seus ideais levara o avô a expulsá-lo do velho casarão da família.

– O que o traz aqui, meu rapaz? – Gillenormand perguntou.

Marius pensou em Cosette e apenas nela, mas, acima de tudo, a possibilidade sombria de mais uma vez se separarem levou-o a engolir o próprio orgulho, ignorar a hostilidade no tom de voz do avô e apelar para sua ajuda. Não foi fácil. O avô ouvia e pouco falava, e, quando o fazia, era apenas para zombar, divertindo-se com a sua situação, mas igualmente com o desespero que levava Marius a se humilhar na sua frente.

– Você não mudou, não é mesmo? – disse por fim.

Marius esperou pelo pior.

– Como assim? – apesar disso, questionou a sua indagação.

– Quanto atrevimento! Vir aqui e me pedir para consentir em um casamento como este?

– O que tem meu casamento?

– Ora, não se faça de bobo.

– O senhor não o aprova?

– Evidente que não.

– Por quê?

– Um Gillenormand não se casa com qualquer uma...

Marius irritou-se.

– Cosette não é qualquer uma! – protestou, em um frêmito de indignação.

– Mas não é uma de nós. Certamente que não...

– Eu a amo.

– Se a ama tanto quanto diz, faça dela sua amante.

– Como é que é?

– Foi o que ouviu. Tome-a por amante e pronto!

– O que o senhor está me propondo é vergonhoso, meu avô!

– Ah, o senhor acha? Acha mesmo? – O velho nobre levantou-se com certa dificuldade e, apoiado em uma bengala, achegou-se a ele, resmungando: – Pois eu vou lhe dizer o que é realmente vergonhoso. Vergonhoso é o senhor vir até aqui depois de sair batendo o pé e me dizendo o que disse, inclusive que não voltaria mais aqui, e me fazer esse tipo de proposta. Vergonhoso é o senhor querer expor o nosso bom nome a algo tão vexaminoso.

– Não vejo vergonha alguma...

– Certamente que não. Você nunca se importou com o nome da família...

– Existem coisas mais importantes neste mundo...

– Como essa sua paixãozinha?

– Como meu amor por Cosette.

Gillenormand gargalhou debochadamente.

– Amor, amor... – repetiu. – Que tipo de amor podemos esperar de uma mulher sem eira nem beira, vinda do populacho? Foi para isso que veio aqui? Acreditou que eu realmente concordaria com tal disparate?

– Sim...

– Pois se enganou. Não conte comigo para esse tipo de estupidez.

– Meu avô...

– Você ainda é muito jovem, meu neto, e, como todo jovem, um tolo.

– Eu a amo, meu avô...

– Pois, se é assim, aceite meu conselho: faça dela sua amante e divirta-se o mais que puder. Se ela o amar tanto quanto você diz que a ama, acredite, ela aceitará de bom grado a proposta. Eu até poderei lhe dar algum dinheiro para se instalar em um lugar minimamente decente...

Marius irritou-se:

– O senhor não mudou em nada, meu avô.

O sorriso debochado do velho Gillenormand desfez-se pelas incontáveis rugas que lhe marcavam o rosto ossudo e transformou-se em uma cruel máscara de devastadora ironia quando ele replicou:

– Você também não, seu tolo!

Apontou para a porta entreaberta da sala e insistiu:

– Vamos, vá embora daqui. Vá salvar o mundo antes que ele acabe para você e para aquele bando de encrenqueiros a que você dá tanta importância.

– Foi um erro vir procurá-lo, meu avô...

– Nem tenha dúvida disso, seu moleque. Na verdade, um erro dos grandes!

– O senhor zombou da memória de meu pai. Desonrou-o com suas palavras.

– Eu deveria ter dito mais...

– E agora me aconselha a humilhar a mulher que amo com esse tipo de proposta infame...

– Você nada sabe sobre este mundo em que vivemos, rapaz. Acredite em alguém que tem mais do que o triplo da sua idade. Ela não só aceitará como ficará feliz com a sua condição.

Marius balançou a cabeça desconsoladamente, e havia bem mais tristeza do que qualquer outro sentimento em seus olhos marejados de lágrimas. Nem raiva nem ódio. Sequer desprezo. Somente tristeza, muita tristeza.

– Adeus, meu avô... – despediu-se, saindo em seguida.

"Amar ou ter amado é o bastante.
Depois, não exijam mais nada.
Além dessa não existe outra
pérola escondida entre as dobras
escuras da vida. Amar é
completar-se."

Capítulo 15

Depois de chorar durante alguns dias e, segundo ela mesma, sem proveito algum, Éponine revoltou-se contra o destino que se avizinhava. Não permitiria que Marius fosse embora. Decidira-se e, depois de fazê-lo, não voltaria atrás. Mesmo que nada mudasse entre ambos e ele continuasse olhando para ela apenas como uma amiga, simples companheira de ideais revolucionários, moveria céus e terra para que não fosse para longe com Cosette. Morreria se ele acompanhasse a rival em sua fuga para a Inglaterra.

A miséria e o sofrimento eram minimamente suportáveis em sua companhia. A esperança, remota que fosse, tola e praticamente inexistente, ainda era melhor do que o nada em que se transformaria sua vida depois que ele se fosse e a solidão finalmente a enlouquecesse.

Enquanto ele ali estivesse, ao alcance de seus olhares, na segurança de sua companhia a zelar pelos seus dias como um sórdido e desajeitado anjo da guarda, ela encontraria motivos para sorrir, acreditar na possibilidade de algum tipo de felicidade. Viver por um simples olhar, pela crença absurda de que um dia ele a enxergaria com olhos melhores e, quem sabe, apaixonados, ainda assim era viver. Por tão mísero fiapo de esperança se disporia a qualquer gesto, até aquele que, como sabia perfeitamente bem, em princípio o faria sofrer.

Não, Marius ficaria. Não alimentava nenhum sentimento ruim em relação a Cosette e o pai, sequer ciúme. Ódio. Raiva. O que fosse.

Como poderia?

Ela não lhe fizera mal algum. Talvez nem se lembrasse de Éponine. Trocaram poucos olhares e passaram uma pela outra nos tempos em que viviam no pardieiro Gorbeau.

Ficaria feliz se partisse para a Inglaterra ou para qualquer outro lugar. Ela e o pai. Que fossem felizes e tivessem um pouco de paz. Não se importava. Tudo o que lhe era de mais importante, fonte constante de interesse, era Marius, e seria por ele que se disporia a separá-los. Para que continuasse a amá-lo mesmo que ele jamais percebesse o quanto era amado ou a amasse como ela queria e sonhava.

Tomar a decisão de separá-los foi bem mais simples do que encontrar uma maneira de fazê-lo. Durante certo tempo, fez e refez planos e de todos desistiu até perceber que a maneira mais simples seria por meio do pai de Cosette.

Os dias em que, seguindo Marius, observou a casa da Rue Plumet se fizeram importantes para que percebesse que existia grande amor e carinho entre pai e filha. Maior até do que o amor de Cosette por Marius, apenas aquele que nutria pelo velho gigante, que, naqueles tempos, já sabia chamar-se Jean Valjean. Na verdade, como viria a saber, ela fugia porque o perseguiam, e à devoção que nutria por ele se somavam carinho, gratidão e uma sensação de segurança que, segundo Éponine julgava, nem Marius seria capaz de substituir no coração de Cosette.

Cosette não tinha medo ou preocupação por si mesma, mas antes e tão somente por Jean Valjean. O destino de seu protetor é que verdadeiramente a inquietava e a lançava àquelas constantes fugas. Mesmo que o sofrimento se fizesse grande e interminável, dilacerasse seu coração, sabia que abandonaria Marius para salvá-lo.

Não seria difícil instá-lo a nova fuga. Apesar de sua formidável estatura e compleição avantajada, Valjean assustava-se facilmente, e Éponine soubera que seu perseguidor mais obstinado, um policial de nome Javert, encontrava-se na delegacia nas redondezas do casebre Gorbeau. Ele o vira durante a confusão no quarto da velha hospedaria e, por isso, fugira tão precipitadamente pela janela.

Imaginou que o ex-presidiário ainda deveria estar bem assustado, os nervos à flor da pele. Seu receio era mais do que justificado e certamente fora agravado pela tentativa de assalto que ela frustrara.

Astuciosa e decidida a livrar-se de Cosette e seu pai, Éponine retornou à Rue Plumet e, na primeira oportunidade em que avistou Jean Valjean no jardim, embrulhou uma pedra com o pedaço de papel onde escrevera...

Mude-se.

Nada mais, nada menos. O suficiente para que, ao encontrá-lo e ler, Valjean empalidecesse de maneira horrível e corresse precipitadamente para dentro de casa, de onde não mais saiu pelo resto do dia. Tudo diabolicamente simples, o suficiente para que, nos dias que se seguiram, as noites fossem insones e as janelas permanecessem iluminadas, denunciando grande movimentação de seus moradores.

Ele iria embora. Assombrado pela repentina aparição de Javert e por outros tantos fantasmas de uma existência permanentemente intranquila, alegrou-se ainda mais quando soube que o avô de Marius lhe negara toda e qualquer ajuda para se casar com Cosette.

Ela partiria e ele ficaria. O tempo e a revolução que se avizinhava fariam o resto.

Os boatos circulavam. Os bairros fervilhavam de gente ressentida e disposta a tudo e a qualquer coisa. A fome e a desesperança eram ingredientes mais do que óbvios para a proliferação de hordas de desesperados que já assombravam os mais abastados e prometiam transformar Paris inteira em um grande inferno.

Éponine sabia que estava fazendo a coisa certa. Nenhuma dúvida a respeito.

A revolução precisava de Marius.

Ela o queria.

*"Ó impiedosa marcha das sociedades humanas,
em que não se dá atenção aos homens
e às almas que se vão perdendo!"*

Capítulo 16

– Temos de ir embora!

Cosette concordou prontamente e em poucas palavras. Resignou-se e, em seguida, entregou-se a um silêncio obstinado. Nele, seu velho guardião encontrou novidade perturbadora, a paixão por Marius e as dúvidas mais ou menos esperadas, o desinteresse que pela primeira vez o poupou de ouvir uma ou outra pergunta e dar as habituais explicações sobre sua decisão. Iriam embora.

Iriam embora para bem longe, Inglaterra, e Cosette limitou-se a ouvir. Nada disse e, depois de certo tempo, saiu da sala e trancou-se em seu quarto.

Desconfiou tanto do silêncio quanto da resignação. Não era tolo. Os lábios silenciaram, mas seus olhos traíam sentimentos que inutilmente Cosette tentou, mas não conseguiu esconder. Estava apaixonada, e afastar-se abruptamente de Marius a desesperava. Naquele momento, diferentemente de outras tantas fugas, algo precioso ficaria para trás. Amor. Não aquele amor que sentia por Valjean, mas um sentimento perturbador por ser novo e mesmo inesperado. Algo que a angustiava até mesmo por não saber muito bem como explicar.

Valjean percebera. Fora breve, mas, apesar disso, ele notou a rápida hesitação que acompanhou as poucas palavras que ela pronunciou ao concordar com uma nova fuga. Viu angústia e ansiedade nos gestos nervosos. Os olhos perdidos na escuridão do jardim, na verdade, buscavam o endereço que Marius rabiscara com a ponta de um canivete no muro que separava a casa da rua em frente.

Pensara em ir ao seu encontro?

Valjean envergonhou-se por obrigá-la a equilibrar-se dolorosamente entre ele e o homem que amava tão apaixonadamente e, por fim, decidir-se por ele. A gratidão emergiu do rosto pálido e sofrido.

Perda. Pela primeira vez, Cosette via-se confrontada com uma sensação desagradável ao acompanhar Jean Valjean em uma de suas fugas. A sensação de perda mostrou-se irremovível e atormentadora. Hesitou. Algo importante estava ficando para trás, algo de que sentiria falta, e envergonhou-se diante de tais pensamentos. Soou como ingratidão diante de todos os muitos sacrifícios que seu velho guardião fizera todos aqueles anos para criá-la e dar-lhe uma existência minimamente tranquila, mesmo que precária.

Jean Valjean odiou-se por lançá-la àquele dilema, mas culpou Marius por se colocar entre os dois. Tudo seria mais simples e fácil se ele não existisse. Tranquilizou-se, acreditando que tudo se resolveria quando se mudasse para outra casa na Rue de l'Homme-Armé, noutro extremo de Paris. Há dias que Toussaint vinha lhe enchendo de recomendações de todo tipo sobre os perigos que certamente correriam se andassem pelas ruas próximas.

– Estão dizendo que tem muita gente se armando nos bairros mais distantes e já tem alguns grupos erguendo barricadas e trocando tiros com a Guarda Nacional no centro da cidade, meu senhor – alertava de tempos em tempos, apavorada. – Melhor fazemos se ficarmos bem quietinhos dentro de casa...

Esperava que fosse verdade. Qualquer um, mesmo um homem apaixonado, pensaria duas vezes antes de se aventurar por uma cidade devastada por grupos de saqueadores e pelos tiroteios entre tropas do Exército e da Guarda Nacional e revolucionários recrutados entre operários, estudantes e a multidão de miseráveis vinda da periferia.

Um pesadelo. Um grande pesadelo.

Como fechar os olhos e dormir sob tais circunstâncias?

Impossível.

Não bastassem os temores que o perseguiam desde que vira Javert aparecer no quarto em que se engalfinhava com Thénardier e seus comparsas, via-se às voltas com um triste arremedo de guerra civil e cada vez mais preocupado com Cosette.

Pouco sabia sobre o jovem que arrebatara seu coração inocente e desabituado das sutilezas e artimanhas do amor. Apenas um nome que ela repetia com ternura e invencível paixão, Marius. Lembrava-se vagamente de tê-lo visto no Jardim de Luxemburgo. Os anos de fugas constantes o transformaram em um homem desconfiado e, pouco depois de perceber que os seguiam, pensou que se tratasse de algum espião, um policial como Javert ou mesmo por ele enviado.

Alarmou-se e, como fazia costumeiramente, fugiu. Escondeu-se em outro canto da cidade e mal pôde acreditar quando, mais uma vez, Marius os encontrou na Rue Plumet. Excesso de zelo ou não, passou a desconfiar ainda mais. Inevitavelmente pensou em Fantine e temeu que se repetisse com Cosette o que acontecera com sua mãe, seduzida, enganada e ludibriada por um daqueles estudantes que frequentavam os incontáveis cafés parisienses.

Quis acreditar que a fuga para Londres resolveria tudo definitivamente e ela jamais o veria novamente. Marius, Javert, Thénardier e todos aqueles que até então fizeram de sua vida um inferno constante ficariam bem longe, no passado. Seriam felizes. Nem imaginava por quanto tempo, mas seriam felizes.

Atormentado, os nervos em frangalhos, ia e vinha feito um sonâmbulo pela casa silenciosa já na Rue de l'Homme-Armé quando teve sua atenção atraída para um espelho. Na verdade, não propriamente pelo espelho, mas pelo que julgava ver escrito nele.

Creditou tal visão à falta de sono. Esfregou os olhos e achegou-se ao espelho, constatando que não havia nada escrito, mas antes se refletia nele. Era um mata-borrão. Reconheceu a letra como sendo de Cosette e podia-se ler com nitidez...

Querido,
Resolveu partir imediatamente. Nesta noite ainda estaremos na casa de número 7 da Rue de l'Homme-Armé, mas dentro de oito dias estaremos em Londres.
Sua Cosette. 4 de junho.

– O que foi que você fez, Cosette? – balbuciou, lembrando que, ao chegarem à nova casa, a jovem colocara sua papeleira e seu mata-borrão sobre uma mesa. Imaginou que tão ansiosa estava para informar a Marius sobre o seu paradeiro que deixou a papeleira aberta e sobre ela escreveu o bilhete, que, naquele momento, já deveria ter chegado às mãos do jovem estudante.

Raiva. Muita raiva.

Sentiu-se traído e ludibriado.

O silêncio de Cosette nada mais era que um engodo. Ela já se decidira a dizer onde se encontrava muito antes de sair do antigo endereço na Rue Plumet.

Que riscos estariam correndo por causa de tal leviandade? E se Marius, como ele imaginava, não passasse de um aproveitador ou, ainda pior, fosse um dos espiões que Javert fazia surgir de tempos em tempos no caminho dos dois?

Não existia a menor possibilidade de interceptar o bilhete, pois certamente ele já se encontrava com Marius, mas a ele ainda tinha a possibilidade de tirar de suas vidas. Completamente fora de si, Jean Valjean precipitou-se para a porta e saiu para a noite, em que, acreditava, encontraria o jovem estudante que ameaçava condenar Cosette ao mesmo destino de sua mãe.

– Vou matá-lo... vou matá-lo...

Despropósito de uma mente atormentada, encurralada por antigos temores, por uma existência praticamente constituída e vivida nas sombras de uma perseguição incansável.

Enlouquecia?

Enlouquecera?

Ele mesmo não saberia dizer e, pelo menos naquele instante, o medo era maior e o privava de qualquer bom senso. Absurdos de toda espécie facilmente se apossavam de seu bom senso e, por fim, o empurraram para fora de casa, através de uma cidade convulsionada, tomada por loucura ainda maior e ainda mais absurda, como eram as guerras entre irmãos.

A revolução incendiava Paris e espalhava-se rápida e incontrolavelmente por outros tantos lugares da França.

*"Chega sempre a hora em que não
basta apenas protestar; após a filosofia,
a ação é indispensável."*

Capítulo 17

– Não há mais ninguém na casa... – a voz de Éponine materializou-se na escuridão monstruosa que a noite impunha ao coração atormentado de Marius e o fez recuar, assustado, os olhos indo e vindo pelo jardim deserto antes de fixar-se nela. – Os dois foram embora.

Nenhuma palavra foi dita de parte a parte por um largo espaço de tempo. Ficaram se olhando, Éponine ainda esperando, aproximando-se, acreditando que ele a qualquer momento diria alguma coisa; Marius, vitimado por uma quantidade de recordações de tempos recentes.

As palavras do velho Gillenormand alfinetavam-lhe a consciência com as mesmas frases rancorosas se repetindo de maneira infernal ao longo de todo o trajeto entre a velha casa senhorial e a Rua Plumet. Frases antigas nas quais facilmente encontrava ódios ainda mais antigos contra a filha que lhe virara as costas e, por amor, partira com o barão de Pontmercy disposta a enfrentar as piores provações, a começar pelo desprezo do pai; alimentados e regurgitados contra Pontmercy, tanto por suas posições políticas radicais e a devoção a Napoleão quanto por ter lhe tirado a filha que mais amava; e, por final, renovados, quando descobriu que Marius, como o pai, não apenas o desprezava, mas também seguiria o mesmo caminho revolucionário.

Nada, no entanto, seria mais doloroso e cruel do que os conselhos que lhe dera poucas horas antes.

O que pensava dele?

Que tipo de homem imaginava que fosse?

Jamais reservaria destino tão infame e condição tão aviltante para Cosette. Ela seria sua esposa ou nada seria.

Amante?

Nunca! Nunca!

Fossem outras as circunstâncias e outro o autor de tais palavras e certamente o esmurraria até a mais completa inconsciência ou mesmo o mataria.

O longo trajeto pela cidade convulsionada apenas aguçou a raiva e o inconformismo em seu coração. Sentiu-se um tolo por, em seu desespero, acreditar que algo mudara e que o avô se apiedaria dele e do seu amor.

Canalha!

Maldito aristocrata!

– Marius... – Éponine o trouxe de volta à realidade silenciosa e melancólica da casa vazia e às escuras da Rue Plumet, um fio de voz vacilante e preocupado. Tocou-lhe o braço com carinho e preocupação, perguntando: – Você está bem?

Ele a encarou ainda aparvalhado e gaguejou:

– Sabe para onde foram?

– Eles não disseram... – respondeu Éponine. – Estavam com muita pressa.

– Mas Cosette...

– Eles estavam com medo. Toussaint lhes falou que havia tiroteios e que era melhor ficar em casa, em segurança, mas o velho não quis ouvir. Estava com muito medo...

– Não é possível...

– Lamento, Marius...

Marius desabou sobre um dos bancos do jardim e, por certo tempo, ensimesmou-se, angústia e desamparo rivalizando em um coração machucado por perda recente, vencido por uma incipiente descrença em tudo o que estava acontecendo e ele perdendo, perdendo e apenas perdendo, sem saber como fazer ou mesmo se havia algo a se fazer para recuperar pelo menos parte do que perdia, a mais importante.

– Cosette... – foi tudo o que conseguiu dizer.

Éponine sentiu-se muito mal diante do que testemunhava em silêncio ainda maior. De braços cruzados sobre o peito e de volta às sombras nas quais se escondia desde que ele chegara, travava guerra particular das mais violentas contra seus próprios sentimentos. Mentira para ele.

Não sabia como lhe contar, ou mesmo se deveria.

Por quê?

O monstro do egoísmo ou o da ambição era assombrosamente cruel e possuidor dos piores instintos, mas não existia monstro maior e mais poderoso do que aquele que residia no coração, o amor.

Seria capaz de enganar a si mesmo?

Decerto que não.

Surgida a oportunidade, viu-se mesquinha e fraca e não pensou duas vezes: agarrou-a.

Cosette saíra apressadamente na companhia de Jean Valjean e de Toussaint, mas não o bastante para não se preocupar em deixar um bilhete e assim informar ao homem que amava o seu paradeiro. Éponine, sempre espreitando, sempre vigiando tudo o que acontecia e se sucedia a Marius, por razão desconhecida, não se descuidara da casa da Rue Plumet e, por sorte, pois pretendia partir para se juntar a Gavroche e aos outros revolucionários da Associação Amigos do ABC, vira-a escrevendo o bilhete. Fora iniciativa sua apresentar-se na janela do quarto e se oferecer:

– Quer que eu entregue ao Marius?

Éponine não soube por que razão Cosette acreditou tão facilmente e lhe confiou o bilhete.

Teriam ela e Marius conversado sobre ela?

Saberia sobre seu envolvimento com os revolucionários?

Talvez tudo não passasse de desespero e falta de opções, a trivialidade de ela ter mencionado o nome de Marius e de outros de seus companheiros revolucionários, nunca soube nem se importou. Limitou-se a sorrir, persuasiva, e garantiu que entregaria o bilhete, que logo em seguida destruiu.

Não pensou muito. A bem da verdade, nem pensou. Nem leu. Mal o recebeu e Cosette se afastou, alertada pela governanta sobre a aproximação do pai, escondeu-se no jardim e o rasgou. Segundos entregues a uma singela e inesperada constatação: fosse ela embora e Marius desconhecesse seu paradeiro, o tempo conspiraria a seu favor na luta pelo seu amor.

Certo ou errado, não importava. Ela acreditou. Era o que bastava.

Educada nos piores princípios por um pai que a ela e aos irmãos mais explorou do que verdadeiramente amou, Éponine muito cedo descobrira que inexistiam regras de sobrevivência e caberia a ela escrever as suas próprias. Para comer, para beber, para se vestir e até mesmo para ter aquilo que desejasse, inclusive o amor daquele que porventura viesse a amar. Diante de tal possibilidade, mesmo que remota, não pensou muito, se é que pensou, coisa que não era muito do seu feitio. Apenas fez o que, até inconscientemente, sabia que deveria ser feito.

Marius seria seu e pronto.

"Escrúpulos não enchiam barriga nem nos ofereciam a oportunidade de ser feliz", pensava. Fez o que considerou que deveria ter feito e, apesar de a consciência lhe incomodar um pouco, posto que detestava mentir para Marius, não duvidava de que tudo passaria bem depressa. Só precisava existir e estar presente o tempo todo ao lado dele para que Marius finalmente compreendesse que ela, como dizia a velha canção, só existia para completá-lo.

No momento em que considerou que ele já se encontrava a tempo demais pensando em Cosette e sofrendo sem proveito algum, impacientou-se. Aproximou-se e informou:

– Temos de nos apressar, Marius!
Ele a encarou e, surpreendido, contrapôs:
– Não entendi...
– Os seus amigos...
– O que têm eles?
– Estão nos esperando na barricada da Rue de la Chanvrerie.
Marius levantou-se pesadamente.
– Courfeyrac mandou lhe dizer que a revolução começou... – insistiu Éponine, correndo mais uma vez para dentro da escuridão.

Marius ainda lançou um olhar triste para a casa às suas costas, mas, por fim, correu em seu encalço. O estrondear interminente e cada vez mais próximo de uma intensa troca de tiros alcançou-o logo depois em uma mesmerizante maré de interesse que parecia ter a capacidade quase hipnótica de atrair não apenas a ele, mas a todos que se despejavam dos prédios ao longo de ruas e avenidas, armados ou carregando todo e qualquer objeto passível de ser olhado e usado como arma.

República ou morte!

O grito vinha de todos os lados e trazido por todo tipo de voz, redemoinhante e feroz, uma força crescente e devastadora que tomava de roldão a tudo e a todos que encontrava pelo caminho. Móveis e outros tantos objetos despejavam-se de janelas escancaradas e de dentro do fogo e da fumaça que se desprendiam de muitos prédios. Tiros. Tiros. Muitos tiros. O crepitar das armas era embriagador. A morte cobrava seu preço espalhando os primeiros corpos ensanguentados em todas as direções. A bandeira tricolor francesa drapejava nas mãos dos bandos que corriam noite adentro, misturando a outras tantas, vermelhas, negras, as cores se misturando caoticamente na onda de miseráveis que se multiplicava barulhentamente no caminho de Marius.

– Cavalos! Cavalos! – gritavam meninos empoleirados no alto de prédios em chamas, apontando em várias direções, o tropel tonitruante dos cavalarianos denunciando a chegada das primeiras tropas governamentais. – São os dragões!

Explosões faziam o chão estremecer. Gritos desesperados anunciavam o vaivém embriagador da morte que surgia subitamente na lâmina reluzente de sabres, os quais golpeavam os infelizes que cruzavam o seu caminho. Amanhecia bem mais cedo naquela madrugada, com as chamas que consumiam o arsenal convertendo-se em um grande sol de destruição que espraiava sua luminosidade mortífera para todos os lados. Multidões tombavam bondes pelas praças e avenidas. Barricadas surgiam como que por encanto, tanto em amplas avenidas quanto nos becos mais estreitos e sórdidos.

Não havia um exército revolucionário, e os comandantes surgiam na confusão de tiros, ao sabor da correria ou do ódio comum a toda sorte de privilegiados. A eles agregavam-se desconhecidos vindos de todos os cantos da cidade e que se armavam a partir de pistolas e mosquetes tomados de outros revolucionários e soldados mortos. Ninguém sabia muito bem para onde ir, e os comandos se faziam a partir deste ou daquele que passava gritando, apontando para as tropas governamentais, que muitas vezes debandavam simplesmente ao ver a multidão. A revolução acontecia não por um planejamento organizado ou seguindo diretrizes bem estabelecidas, mas simplesmente por força da insatisfação generalizada que se transformara no conflito generalizado logo após o sepultamento de um grande líder popular, o general Lamarcke.

Pouco importava. A revolução estava nas ruas, e Marius e seus amigos da Associação Amigos do ABC enveredaram para dentro dela de corpo e alma. Nenhum deles sabia muito bem que rumos tomaria aquela confusão infernal que os mais otimistas chamavam de revolução. Tudo era incerto e, por enquanto, não passava de uma gigantesca discussão entre surdos, as negociações substituídas pela troca de tiros de parte a parte e os corpos se amontoando por Paris e outras cidades do país. Em meio a tantas incertezas, a grande revolta se fazia atraente para jovens como Éponine e o irmão Gavroche.

Seduzidos pelas palavras dos discursos de Marius, Enjolras e outros tantos estudantes da Associação Amigos do ABC, bem como dos saudosistas dos velhos tempos de Napoleão, embriagados pelas ideias de prosperidade e riqueza, de justiça e igualdade para todos, lançavam-se temerariamente à luta. Encorajados pelos muitos sonhos de grandeza, e até mesmo redimidos e, em certa medida, justificados nos tantos erros cometidos ao longo da curta existência, combatiam com a ingenuidade característica daqueles que se alimentavam com as promessas grandiosas que ouviam e vinham de todos os lados, viam-se imbuídos de uma obrigação quase religiosa de convencer os indecisos, arregimentar novas tropas para a revolução e se transformar no flagelo dos covardes, acomodados e aproveitadores em geral, por vezes reunindo todos no mesmo saco de gatos em que se encontrariam todos os inimigos.

Enquanto Éponine se equilibrava entre a paixão que sentia por Marius e uma crença meio difusa em princípios que não entendia muito bem, a Gavroche seduzia a possibilidade de aventurar-se, de mostrar-se corajoso e útil, de lutar por aquilo em que mais acreditava ou contra tudo aquilo que mais odiava.

Amava viver e correr livre pelas ruas da cidade. Detestava todos aqueles que o hostilizavam ou realmente o maltratavam, como os policiais. No entanto, acima de todos esses fatores, estava o menino de 10, 12 anos (nunca se soube realmente quantos anos ele tinha), que se divertia onde outros tantos sofriam e morriam.

Ele adorava ter uma pistola na mão mesmo quando a arma estava quebrada e, portanto, imprestável. Aliás, foi com uma delas que se apresentou como líder na barricada entre as ruas Amelot e Basse e afugentou um numeroso grupo constituído por soldados e cidadãos comuns enviados exatamente para afugentá-los.

Era uma criança que se divertia esgueirando-se pelas barricadas e fugindo zombeteiramente da morte. Que apreciava passar muitas horas cantando trechos da Marselhesa nos bares e becos que frequentava. Que se divertia misturando-se aos estudantes da Associação Amigos do ABC em suas intermináveis reuniões em bares enfumaçados ou em arruinados palacetes abandonados às pressas por seus endinheirados proprietários.

– O que você está pensando, garoto? – ralhou um dos revolucionários ao surpreendê-lo às gargalhadas no alto de uma enorme barricada. – Não estamos em uma festa!

Gavroche nada disse, pois os respeitava profundamente. Mas era uma criança, e bastava um pouco mais do que um par de dias para que voltasse a ser a criança que era e retornasse ainda mais rapidamente às suas brincadeiras, ao atrevimento infantil que o fazia ser querido pela maioria dos revolucionários. Através dos inúmeros becos e vielas nas imediações da Rue de la Chanvrerie, costumeiramente viam-no escalar as formidáveis barricadas, levando munição e armas para as exóticas tropas revolucionárias, guiando médicos e enfermeiras de ocasião que cuidavam de feridos, ou simplesmente para ocupar uma das temerariamente altas atalaias improvisadas com móveis nas mais altas das barricadas.

Era de tais alturas que via o campo de batalha, como gostava de dizer. De tais alturas também se envaidecia de si, mas, acima de tudo, observava os companheiros da Associação Amigos do ABC e, principalmente, a irmã que mais amava, Éponine, sempre nos calcanhares de Marius, perseguindo um amor que jamais teria.

Perda de tempo. Grande bobagem.

Nunca se deixaria levar por tais bobagens do coração, parecia dizer quando olhava para a irmã e a quase humilhação a que se submetia para estar perto do homem que amava, um amor em que ela amava e recebia de volta somente o carinho e a boa vontade de Marius, que, como todos diziam, não passava um dia nos últimos tempos sem falar de certa mulher, pela qual, quando podia, procurava pelas ruas de Paris.

Não, aquilo não era para ele. Preferia a vida aventuresca e livre pelas ruas da cidade. Seduziam-lhe sobremaneira as incontáveis vozes das ruas, praças e construções de todas as formas e tamanhos. Os incontáveis amigos que fazia e só se multiplicavam. Até mesmo o sangue correndo mais depressa nas veias com o início da Revolução.

Nem lembrava a última vez em que derramara uma lágrima.
Aliás, derramara?
Não que se lembrasse.

> *Allons enfants de la Patrie*
> *Le jour de gloire est arrivé*
> *Contre nous de la tyrannie*
> *L'étendard sanglant est levé...*[1]

Cantarolava, e todos o conheciam pelo entusiasmo com que cantava o velho hino dos revolucionários de 1793.

– Lá vem o Gavroche, gente! – diziam, apontando e recebendo-o nas barricadas.

E era assim que ele queria ser conhecido.

Gavroche.

> *...Aux armes citoyens... Formez vos bataillons...*
> *Marchons! Marchons!*[2]

---

[1] "Vamos, filhos da Pátria / O dia da glória chegou / Contra nós, da tirania / O estandarte sangrento é levantado..." (tradução livre). (N. E.)
[2] "... Às armas, cidadãos... Formem seus batalhões... / Marchemos! Marchemos!". (N. E.)

*"A miséria das classes baixas
é sempre maior que o espírito
De fraternidade das classes altas."*

Capítulo 18

Gavroche nunca esquecia um amigo, mas, do mesmo modo, todo e qualquer inimigo merecia atenção ainda maior, e ele se lembrou imediatamente daquele homem assim que o avistou no meio da confusão em que se transformara a taverna da viúva Hucheloup na Rue de la Chanvrerie. Mesmo naquele entra e sai enlouquecedor de homens e mulheres armados, crianças correndo atarefadamente e feridos chegando a todo instante, não desgrudou mais os olhos dele depois que o viu esgueirar-se pelos cantos. Puxava a aba do boné com insistência, procurando inutilmente ocultar o rosto.

– Ponte Royal... – balbuciou Gavroche, recuando sorrateiramente para a porta, onde Enjolras conversava animadamente com uma das duas empregadas da viúva.

– O que você quer, menino? – questionou ele, quando Gavroche o puxou pelo braço com brusquidão e ansiedade.

Gavroche apontou para o desconhecido e afirmou:

– Um espião...

Enjolras observou brevemente o homem que ele indicara e o encarou, insistindo:

– Tem certeza?

– Ele me prendeu alguns dias atrás na Ponte Royal. Ninguém se esquece disso, não é?

– Verdade...

– Ele se juntou a nós na Rue des Billettes, e desde o início eu estava desconfiando dele. Sabia que já o tinha visto antes...

Enjolras não perdeu tempo. Entreolhou-se com três outros companheiros e, antes que o desconhecido percebesse, lançaram-se sobre ele.

– Espião! – gritou um dos homens.

Incapaz de se mover, os braços firmemente imobilizados, o desconhecido empertigou-se arrogantemente e informou:

– Meu nome é Javert e sou um policial...

Muitos quiseram se atirar sobre ele e agredi-lo, mas Enjolras gesticulou vigorosamente, afastando-os e ordenando que o amarrassem em uma das colunas de madeira da taverna.

– Na volta cuidaremos dele – garantiu, sendo rapidamente obedecido, apossando-se da carabina que Javert carregava.

Gavroche a quis. Enjolras negou, caminhando em sua companhia na direção da porta e explicando:

– No momento, nós precisamos mais de seus olhos e de seu conhecimento dessas ruas do que de mais uma arma à nossa disposição.

Gavroche aquiesceu, contrariado, e rapidamente conduziu Enjolras e um grupo de operários e estudantes para Saint Dennis. Tão ocupado estava em guiá-los pelas barricadas que sequer viu quando Marius e outro grupo de revolucionários passaram por eles a caminho da Rue des Prêcheurs.

Voltando-se para Enjolras, que caminhava dois ou três passos atrás de si, perguntou:

– Para onde vamos?

– Mondétour – um dos homens respondeu.

Gavroche fez uma careta de contrariedade e ia dizer mais alguma coisa, a torre da igreja de Saint Merry surgindo entre os prédios à sua frente, quando ouviu as badaladas de seu sino misturarem-se ao tropel de um numeroso contingente de cavalarianos que avançava, beligerante e barulhento, pelas ruas desertas.

– Escondam-se! – gritou, gesticulando e apontando para alguns ônibus tombados que escalou ágil e apressadamente, buscando refúgio atrás deles.

Enjolras e seus companheiros fizeram o mesmo. Resfolegando e ainda estirado de costas no chão, Gavroche estendeu uma das mãos espalmada para ele e insistiu:

– A carabina... me dá a carabina...

Enjolras acreditou que ele a merecia e entregou.

Reiniciaram a marcha para Mondétour, mas não foram muito longe. Novos grupos de cavalarianos apareciam a todo instante pelo caminho, obrigando-os a ziguezaguear sem proveito algum por ruas que acabavam se transformando em exasperantes becos sem saída, não os levando a lugar algum e forçando-os a se esconder cada vez mais frequentemente. Havia uma compreensão generalizada de que jamais alcançariam seu destino e acabaram voltando, pensando em se juntar aos outros na grande barricada da Rue de la Chanvrerie.

– Temos de ajudar nossos companheiros! – gritou Gavroche.

A volta não ocorreu sem mais incidentes. A região fervilhava de grupos cada vez maiores de cavalarianos e tropas de infantaria. De tempos em tempos, viam-se compelidos a se esgueirar para dentro de prédios abandonados ou vielas escuras, onde a destruição cega dos primeiros instantes da revolução cobrira cada centímetro em seu caminho dos mais diferentes escombros, restos de carruagens e ônibus tombados, animais mortos que apodreciam, pavorosamente inchados e devorados por cães esfomeados que aqui e ali disputavam a dentadas grandes nacos ensanguentados. Aos poucos, o crepitar de disparos foi se tornando mais frequente e intenso à sua frente.

– Estamos chegando – observou Enjolras.

Desnecessário. Uma grande nuvem de fumaça crescia bem diante de seus olhos e avistaram soldados entrincheirados ao longo da Rue de la Chanvrerie. Disparavam. Mais e mais soldados. Vinham de várias direções e achegavam-se, quase sem enfrentar grande resistência, à formidável trincheira de Au Raisin de Corinthe, a taverna da viúva Hucheloup.

– Temos de ajudá-los! – gritou Gavroche, pálido e irritado.

Vários disparos explodiram à sua volta, e um de seus companheiros tombou, alvejado na cabeça. No momento seguinte, alguns guardas municipais abandonaram o esconderijo atrás de um dos ônibus tombados e precipitaram-se na direção deles.

– Temos de nos salvar antes, garoto! – gritou Enjolras, levantando-se e gesticulando para que o menino e os outros revolucionários o seguissem. – Corra!

Tiros. O veloz e interminável tropel de cavalos. A gritaria selvagem antecedia quase sempre uma nova investida das tropas governamentais. Impressionava, e muitas vezes sentiam-se encurralados. Não fosse a presença de Gavroche, que aparentemente carregava a cidade de Paris na palma das mãos e a conhecia como poucos, conduzindo-os em segurança para a proteção da barricada, e teriam sucumbido àquela chuva de balas.

A violência do ataque era medonha. Repetia-se de forma intermitente ao longo do dia e, muitas vezes, tinha-se a impressão de que o formidável baluarte desabaria sobre seus defensores.

Buracos cada vez maiores se abriam ao longo do caótico paredão da barricada e, através deles, pequenos grupos de soldados procuravam avançar sobre seus defensores. Corpos espalhavam-se dos dois lados, e os primeiros combatentes se engalfinhavam em um feroz corpo a corpo que se tornava cada vez mais frequente. Chuvas de balas despejavam-se devastadoramente, fazendo vítimas de ambos os lados, e, por fim, derrubaram a grande bandeira vermelha que há dias identificava o mais conhecido bastião da revolução.

Muitos protestaram, e outros tantos apelaram para que a resgatassem e não permitissem que caísse em poder das tropas do governo, mas poucos ousaram abandonar a segurança de suas trincheiras para reavê-la. Tanto apelo quanto hesitação não duraram mais do que escassos segundos, pois, de um momento para o outro e para espanto dos que o conheciam, um revolucionário contado entre os mais idosos lançou-se ao encontro da bandeira e, não satisfeito em recuperá-la, escalou agilmente uma das formidáveis encostas de detritos e a devolveu ao seu lugar.

– Viva a Revolução! – gritou, braços abertos desafiadoramente.

Era Mabeuf, e aqueles que o conheciam, já espantados com sua repentina aparição nos primeiros dias da construção da barricada, espantaram-se ainda mais com a visão de gesto tão temerário.

Como poderiam?

Mabeuf era um homem pacato e até arredio que vivia enfurnado em sua casa na companhia de uma velha governanta, bem mais interessado em seus intermináveis estudos e em suas flores do que em política. Marius, que o conhecia há tempos e passara a lhe devotar profunda gratidão e carinho desde que ele lhe contara a verdade sobre seu pai, ainda pensou em correr e devolvê-lo a seu esconderijo, trazê-lo de volta à realidade e ao bom senso.

– Não se arrisque tanto! – gritou.

Não teve tempo, pois, quase ao mesmo tempo, vários disparos atingiram Mabeuf e o derrubaram. Marius recuou e, depois de ver-lhe o corpo chocar-se em um baque surdo contra o solo, despojou-o do casaco que usava, ensanguentado e cheio de buracos de balas, exibindo para os companheiros.

– A partir de hoje, essa é a nossa bandeira! – afirmou brandindo o casaco ensanguentado para que todos o vissem. – Liberdade! Igualdade! Fraternidade!

Os gritos se espalharam e se repetiram entusiasticamente entre os revolucionários amontoados ao longo da barricada, infundindo uma euforia desfeita na confusão que se seguiu à nova saraivada de balas que martelou fortemente o paredão de detritos.

– Viva a República!

O grito transparecia mais desespero do que esperança, com grandes porções da barricada desabando bem diante de seus olhos e os primeiros contingentes de tropas governamentais assomando de um turbilhão de fumaça que arremetia sobre os revolucionários. A resistência se mostrava praticamente impossível. Apesar de muitos, como Courfeyrac e Gavroche, insistirem que deveriam ficar e resistir enquanto fosse possível, Marius sabia que seria um sacrifício inútil, um estúpido desperdício de vidas que seriam mais úteis em outra barricada e em outra parte da cidade.

Gritou e acenou para que recuassem. Duvidava de que tivesse sido ouvido e, depois de certo tempo, chegou mesmo a empurrar os mais renitentes. Gavroche, que vinha alguns passos atrás, ainda tentou disparar a carabina e xingou várias vezes ao constatar que a arma estava descarregada. Alcançados por vários soldados armados com baioneta, ele e Courfeyrac brandiam suas armas vigorosamente, atingindo uns e mantendo todos afastados.

Marius partiu para ajudá-los, abatendo dois soldados com seus disparos e obrigando os outros a recuar atabalhoadamente. No entanto, a situação se tornava a cada segundo simplesmente insustentável. A munição escasseava e de todos os lados surgiam novos grupos de soldados. A barricada não oferecia mais proteção alguma e desfazia-se, golpeada por intermitente e mortífera fuzilaria.

– Recuar! Recuar! – gritavam alguns entre os revoltosos, buscando organizar o que parecia absolutamente incontrolável, a fuga desordenada em pânico dos poucos defensores que ainda restavam ao bastião revolucionário.

Explosões sacudiam os prédios ao redor e muitos acreditavam que estavam sendo bombardeados...

– Eles trouxeram canhões! Canhões!

O fogo alastrava-se rapidamente, como se perseguissem os fugitivos. Uma asfixiante nuvem de fumaça avançava pela Rue de la Chanvrerie, envolvendo perseguidos e perseguidores, investindo o conflito de um assombroso viés de loucura, pois, na confusão, tanto uns quanto outros não sabiam em quem ou em que atiravam. Terrível carnificina que enveredava por vielas e prédios, o tiroteio estrondeando escadas acima, em meio aos escombros ou nas trincheiras improvisadas atrás de ônibus e bondes tombados. Desesperadas, mulheres e crianças jogavam do alto dos prédios toda sorte de objetos sobre os soldados, que avançavam de todas as direções, ao mesmo tempo em que suplicavam para que fossem salvas dos incêndios que tomavam conta de toda a região. Muitos se atiravam de janelas para a rua e para a morte, mais de um com os corpos envoltos pelas chamas.

Uma marcha fantasmagórica de cavalos com as selas vazias e ensanguentadas vindas dos lados do Marche-aux-poirées arremetia em um galope alucinante sobre o que encontrasse pela frente, como que obedecendo ao comando de cavalarianos naquele instante inexistentes, imbuídos apenas em matar o máximo possível de inimigos que jaziam esparramados em todas as direções em que se olhasse. Explosões cada vez mais frequentes faziam tudo estremecer, um ou outro prédio soçobrando fragorosamente sobre seus ocupantes. Porta-estandartes enlouquecidos agitavam pateticamente enormes bandeiras vermelhas e tricolores antes de serem atingidos por novas saraivadas que varriam o estreito campo de batalha.

Por mais que recuassem e procurassem se reagrupar, Marius percebeu que a resistência era inútil e fadada ao fracasso. Impossível resistir ao cada vez maior contingente de tropas governamentais. Inútil pensar em rendição, concluiu depois de ver vários pequenos grupos de revolucionários abandonar suas barricadas agitando pedaços de pano branco e ser implacavelmente mortos a tiros e golpes de baionetas. Nem os mais despropositados esforços que fizessem, inescapavelmente resvalando entre o heroísmo e o desespero, seriam suficientes para mudar o rumo da batalha. A derrota se fazia inevitável, e era melhor se dispersar pela cidade, reunir-se a outros grupos de revoltosos em outras barricadas, a ficar e sucumbir ao massacre que se avizinhava.

— Fujam! Fujam! – insistia, gritando e indicando caminhos a serem seguidos pelos grupos de desesperados que debandavam desorientadamente. Recuou aos tropeções na direção da taverna da viúva Hucheloup ao perceber a aproximação de um bando de soldados. Encolheu-se, assustado, as balas explodindo na parede à sua volta, e, ao virar-se mais uma vez, deparou com um fuzil apontado para si. Acreditou que iria morrer e se surpreendeu ao ver que alguém se agarrara ao cano fumegante e fora baleado em seu lugar, estatelando-se no chão ao seu lado. Tudo em uma fração de segundos e nem pode olhá-lo e agradecer a seu inesperado salvador, pois novos disparos passaram zunindo e ele viu os soldados que o perseguiam caírem, baleados, poucos metros à sua frente.

— Temos de sair logo daqui, Marius! – gritou Courfeyrac, estendendo-lhe a mão e ajudando-o a se levantar.

Marius o acompanhou, mas repentinamente parou e voltou sobre os próprios passos. Supôs que seu inesperado salvador ainda estivesse vivo, e seria a mais vil das ingratidões se simplesmente o deixasse para trás para salvar a própria pele.

— Não perca tempo, Marius – protestou Enjolras. – Ele deve estar morto...

Marius ignorou-o e, achegando-se ao corpo estirado na porta da taverna, surpreendeu-se ao encontrar o corpo ensanguentado de Éponine.

Ela sorriu tristemente e balbuciou...

— Enjolras tem razão, senhor Marius...

Marius agachou-se.

— Bobagem! – disse, esforçando-se para conter o sangue que jorrava de uma das mãos praticamente destroçada de Éponine. – Você vai se safar...

Ela balançou a cabeça, desanimando-o.

— Não vou, não. Eu estou morrendo... estou sim...

– Éponine...
– Não precisa mentir, senhor... não perca seu tempo me iludindo...
– Um simples tiro na mão...
– A bala atravessou a mão e atingiu meu peito, o senhor não está vendo?
– Mesmo assim...

Éponine agarrou-se às mãos que Marius estendia para ajudá-la e declarou:

– Eu amo você, Marius. Sempre amei...
– Éponine, essa não é melhor hora para... – principiou Marius, embaraçado e ainda tentando conter o sangue que encharcava a blusa da jovem na altura do ombro esquerdo.
– É a única que tenho, senhor... – cortou ela, fracamente. – Nunca me importou que meu amor fosse sem sentido. O senhor nunca olhou para mim com outros olhos que não fossem os olhos de um querido e devotado amigo, bem sei. Pouco importa. Nunca importou. O meu amor se satisfazia com muito pouco. Sempre foi assim...
– Poupe suas forças, Éponine... – preocupou-se Courfeyrac, de pé junto de ambos.

Ela sorriu.

– Obrigado por se preocupar comigo, senhor – agradeceu. Virando-se para Marius, continuou: – Mas bem sei que não tenho muito tempo e não queria morrer com esse peso na minha consciência.

Marius e Courfeyrac se entreolharam, curiosos.

– Que peso? – perguntou Marius.
– O meu ciúme, senhor. Eu bem que tentei me convencer de que era uma bobagem e deixá-lo de lado, mas foi maior do que eu. Eu, eu... eu não conseguia me conter sempre que via o senhor e Cosette juntos. Desde a primeira vez que vi a maneira como o senhor olhou para ela naquele pardieiro. Gavroche... ele é meu irmão, o senhor sabia? Ele disse que eu estava perdendo tempo, mas o que se pode fazer, não é? O coração... o coração...

– Esqueça isso, Éponine...

– Não posso, não posso mesmo... minha consciência, minha consciência está me cobrando...

– Cobrando o quê?

– Eu escondi a carta...

– Que carta?

– A que Cosette me pediu para lhe entregar antes de ir embora da casa da Rue Plumet... Ela e o pai foram embora por minha causa, sabia?

– Como assim?

– Eu mandei um bilhete para o velho dizendo que ele devia se mudar depressa e acho que ele pensou que a polícia estava atrás dele e da filha...

– Cosette...

– Ela está no número sete da Rue de l'Homme Armé... número sete, não se esqueça...

– O que você fez, Éponine?

– O pai vai levá-la para Londres... vai... quatro dias... dentro de quatro dias...

– Não posso acreditar...

– O amor é algo terrível, senhor Marius. Eu escolhi morrer ao seu lado e por isso menti dizendo que Courfeyrac o chamava... O senhor compreende? Pode me perdoar? Eu o amo, senhor Marius... Foi só por amor, não me queira mal, foi só por amor...

Marius respirou fundo e, depois de uns instantes, respondeu:

– Sei disso, Éponine...

– Então me prometa que, quando eu morrer, vai me fazer um último favor...

– Que favor?

– Prometa!

– Prometo.

– Dê-me um beijo na testa... apenas um... um...

A resposta de Marius veio quando Éponine já estava morta e indulgente; ele atendeu seu último pedido, beijando-lhe a testa.

– E agora, Marius? – perguntou Courfeyrac, os dois contemplando o corpo sem vida de Éponine. – O que vai fazer?

– Não há realmente muito mais a se fazer – respondeu Marius, encaminhando-se para o outro lado de um balcão nos fundos da taverna, do qual voltou um pouco mais tarde carregando um tinteiro e uma folha de papel. Sentando-se a uma das mesas, virou-se para o companheiro e pediu: – Peça para Gavroche vir até aqui.

Courfeyrac saiu e o deixou só. Marius mergulhou a ponta da pena no tinteiro e escreveu rapidamente uma carta que diria simplesmente...

Querida Cosette,
Bem sei que jamais nos casaremos. Meu avô se recusou a me ajudar e nada tenho para lhe oferecer a não ser o meu amor. Não quero semelhante destino para você e, fossem outras as circunstâncias, jamais me valeria de uma carta para lhe dizer tais palavras. Sem a sua companhia, como lhe disse, é preferível a morte, e é isso exatamente o que farei. Morrerei nas barricadas. No entanto, antes gostaria que soubesse que a amo muito, que a amarei para sempre.
Seu para todo o sempre,
Marius.

Courfeyrac retornou na companhia de Gavroche quando Marius dobrava a carta e a colocava em um envelope. Escreveu o endereço no verso e pediu que o menino a entregasse. Não apenas porque pretendia cumprir sua promessa e morrer na companhia dos sobreviventes da Associação Amigos do ABC, mas também porque desejava poupar a vida do irmão de Éponine e, em certa medida, ajudar também o desprezível Thénardier, cumprindo cada vez mais a contragosto a antiga promessa que fizera ao pai.

Gavroche protestou:

– Eu quero estar com meus companheiros de revolução – disse. – Mande outro!

– Não há nenhum outro em que mais confie do que você, Gavroche – mentiu Marius. – Compreendo seus sentimentos, mas essa é uma missão extremamente importante.

– Mas quando os soldados voltarem...

– Poucos conhecem tão bem a cidade quanto você, Gavroche. Saberá ir e voltar bem depressa. Além do mais, tão cedo os soldados não voltarão.

Gavroche olhou para o envelope que Marius lhe entregou. Examinou-o e, em seguida, dirigiu um olhar desconfiado para ele.

– É urgente? – perguntou.

– Muito – respondeu Marius.

Respirou aliviado ao vê-lo finalmente partir. Pelo menos Gavroche sobreviveria à matança que se avizinhava.

"Ah, que coisa assustadora!
O homem determinado, já sem conhecer
o seu caminho e a recuar!"

Capítulo 19

Finalmente, Jean Valjean chegava àquele ponto de sua existência em que o tempo e as incontáveis dificuldades que enfrentara apresentavam-lhe a conta amarga de anos e mais anos de perseguição e temores cotidianos. Não saberia dizer quando tudo se iniciara. Muitas vezes surpreendera-se na solidão de si mesmo, confinado à prisão dolorosa de seus pensamentos e lembranças, buscando em vão por pelo menos um único dia em que não abrira os olhos sem a companhia do temor de ser seu último dia de liberdade ou assombrado pela possibilidade da aparição de Javert.

Não, nunca encontrara aqueles dias, semanas ou mesmo anos em que fosse capaz de identificar com aquela palavra praticamente mágica chamada felicidade. Nem mesmo durante os oito, nove anos como Madeleine, vividos na tranquilidade de Montreuil-sur-Mer, conseguiu se lembrar de um instante em que a inquietação o abandonou por completo. Nunca, em tempo algum de sua vida atribulada e itinerante, houve a possibilidade de se dizer feliz, e, se havia uma explicação mais ou menos plausível por não se ter livrado antes do fardo que era existir, esta residia na figura frágil e encantadora de Cosette.

Ah, Cosette...

Desde que a vira pela primeira vez em Montfermeil ou mesmo antes, nos apelos angustiados e extremamente saudosos de Fantine, Cosette constituiu-se na solitária razão pela qual persistiu vida adentro. Bem mais do que simples responsabilidade, o ex-presidiário a fez, bem aos poucos e quase sem o perceber, alegria, prazer, encantamento, precioso arremedo de uma felicidade possível e à qual se agarraria cada vez mais para não se entregar simplesmente à prisão ou, mais apressadamente, à morte.

Em função da promessa feita, mas, antes de tudo, da satisfação crescente em vê-la crescer alegre e despreocupada, Jean Valjean dedicara-se tão absolutamente que nem os sacrifícios feitos, as fugas constantes, foram capazes de obscurecer o fato de que se sentia feliz em sua companhia. Ela era a responsável pelos poucos momentos de alegria e os preciosos instantes de paz mesmo em lugares e ambientes deploráveis, como o sórdido pardieiro Gorbeau. E tudo foi de tal maneira encantador que, por certo tempo, ele se deixou envolver e acabou por esquecer que, mais cedo ou mais tarde, tudo acabaria como nós mesmos, um dia, acabamos.

Não, ele não conseguia se lembrar de quando chegou àquela constatação sombria, mas, enquanto foi possível, tentou ignorá-la, afastá-la, entregou-se ao impossível que seria fazê-la durar para sempre. Iludiu-se e sinceramente acreditou que seria capaz de prolongar o quanto quisesse o que poderíamos identificar como sua única chance de ser minimamente feliz. Ao compreender que seria de todo impossível, um despropósito, longe de conformar-se, viu-se possuído por vívida e incompreensível revolta. Sentiu-se injustiçado e, como acontece a muitos diante de tais situações, buscou uma origem ou uma explicação em tal mudança, encontrando-a na figura de Marius.

Sim, fora ele. Desde o princípio, desde as primeiras trocas de olhares no Jardim de Luxemburgo e durante os encontros apaixonados no jardim da casa da Rue Plumet. Ele e ninguém mais dividira todo o amor e afeto que até então era apenas dele e, aos poucos, insidioso e implacável, tomava-o por inteiro para si.

Jean Valjean viu-se mais uma vez solitário e abandonado, cada vez mais entregue ou devolvido a antigos horrores, aos medos que a presença de Cosette amenizavam ou até o levavam a ignorar. Marius a levaria para longe, iria separá-los. Ela nunca lhe diria e, nos últimos dias, esforçava-se para que não percebesse o quanto se sentia irremediavelmente atraída, completamente apaixonada, mas ele não era tolo e percebia. Desesperou-se no momento em que lhe disse que fugiriam para Londres. Viu o pânico em seus olhos, a hesitação em seu silêncio, a angústia das mãos esfregadas uma na outra, o medo palpável representado pela simples possibilidade de deixar Marius para trás. Pela primeira vez, Cosette não queria acompanhá-lo.

Horror, profundo horror. Não se imaginava só e perseguido por antigos fantasmas. Não saberia o que fazer da própria vida sem Cosette a seu lado. Marius a estava tirando dele, e odiou-o por isso. Tal constatação tirou-lhe o sono por dias e, no princípio, assustou-se consigo mesmo. Acreditou que estava exagerando e, assim que partissem, ela o esqueceria. Era a primeira vez que se apaixonava, uma experiência nova e verdadeiramente encantadora. Estava desnorteada. Depois de certo tempo, tinha certeza, Marius seria apenas uma lembrança cada vez mais distante, substituído até mesmo por outra paixão ou pelo esquecimento, tão comum ao coração de um jovem. Despreocupou-se e chegou a censurar-se por tais exageros, a começar por aquilo que em tudo se assemelhava ao mais inesperado ciúme.

Como podia?

Que loucura!

Fácil imaginar como se sentiu ferido de morte pelo bilhete que Cosette enviara para Marius e que encontrara pálida cópia abandonada no mata-borrão da sala. Naquele momento, seus sentimentos em relação a Marius se transformaram de modo persistente e assustador. Não apenas suspeitava dele nem alimentava mais uma breve animosidade. Odiou-o e, pior, pensou em matá-lo. Fora de si, ainda pensou em procurá-lo e consumar de imediato planos tão funestos, mas desistiu, premido pela constatação do absurdo de tal ideia, mas, acima de tudo, pelos primeiros disparos da insurreição armada que tomaria conta de Paris nos dias seguintes.

Mais uma vez, deixou-se levar por aquela obsessão sombria pouco depois que Gavroche apareceu na sua frente, no número sete da Rue de l'Homme Armé, e muito apressadamente berrou, querendo afastar-se:

– Tenho de voltar para as barricadas com meus amigos!

Entregou-lhe a carta que Marius enviou para Cosette. Valjean leu apressadamente.

– E onde é a sua barricada, menino? – perguntou a Gavroche, segurando-o pelo braço.

Gavroche desvencilhou-se com um empurrão e, enquanto se afastava correndo, informou:

– Na Rue de la Chanvrerie, cidadão!

Jean Valjean partiu em seu encalço algum tempo depois, coração oprimido, sentindo-se insatisfeito apenas com a possibilidade de Marius, como dizia em sua carta, sucumbir no campo de batalha, vitimado pelas balas das tropas governamentais. Ele mesmo pretendia se incumbir de matá-lo.

Não se preocupou com o súbito desaparecimento de Gavroche. Atormentado constantemente pela possibilidade de ser preso e ocupando-se quase o tempo inteiro em buscar caminhos para novas e repetidas fugas, habituara-se a perambular frequentemente pelas ruas, praças e avenidas de Paris. Poucas lhe eram absolutamente desconhecidas e, em razão de tal conhecimento, chegou rapidamente ao seu destino. Misturou-se tanto aos grupos de revolucionários quanto às multidões de mulheres, velhos e crianças que fugiam apavorados dos combates. Pelo caminho, apossou-se do uniforme de um guarda municipal que encontrou morto em um beco, nas imediações da igreja de Saint Merry. Examinou-o por um instante, mas, por fim, desistiu de vesti-lo e esgueirou-se por infinidade labiríntica de pequenas vielas atravancadas por toda sorte de objetos até alcançar a Rue de la Chanvrerie. Recuou e escondeu-se atrás de um amontoado de paralelepípedos ao ouvir vozes poucos metros à sua frente. Reconheceu Marius de imediato. Ele e mais quatro combatentes pareciam desalentados e discutiam sobre alguns uniformes de guardas municipais que Courfeyrac carregava.

– Nós somos cinco – disse ele, correndo os olhos pelos rostos à sua volta e explicando: – Eu só tenho quatro uniformes.

– Vão vocês, salvem-se! – pediu Marius. – Eu fico!

– De maneira alguma! Ou vamos todos ou não vai ninguém! – protestou outro combatente. – Onde já se viu uma coisa dessas? Quem pensa que somos?

– Vocês têm mulher e filhos, meu amigo. É neles que estou pensando...

Ao vê-los aproximarem-se, Valjean saiu de trás de seu esconderijo e, diante da surpresa de todos, um deles chegou a lhe apontar uma pistola, lançou o uniforme de guarda municipal que carregava na direção de Marius e pediu:

– Fique com este, rapaz!

Ele o reconheceu pelo nome com que se apresentara:

– Senhor Fauchelevent! O que faz aqui?

– Vamos, salve-se! – insistiu o recém-chegado, ajudando-o a se vestir.

Enjolras aproximou-se de ambos e, virando-se para Valjean, disse:

– Um combatente é sempre bem-vindo, cidadão, mas bem sabe que veio aqui para morrer, pois não?

Valjean sacudiu os ombros em um gesto de pouco caso e afastou-se com os combatentes.

Marius o seguiu com os olhos. Estava preocupado. Não compreendia o que ele fazia nas barricadas. Pensou em Cosette.

Onde estaria?

Duvidava de que ele a tivesse deixado sozinha e na companhia apenas de uma empregada.

Afligiu-se, cogitando que, por causa da enorme turbulência revolucionária que assolava Paris, eles tivessem antecipado a viagem para Londres. Impossível. Pelo pouco que conhecia do velho, ele seguramente não a deixaria ir sozinha.

O que estaria fazendo ali?

E sua carta?

Gavroche a teria entregado?

Cosette chegara a lê-la?

Toda aquela situação lhe pareceu das mais confusas, e a repentina aparição daquele que conhecera como Ultime Fauchelevent e não lhe dirigira mais do que uma dezena de palavras desde que se conheceram servira somente para aumentar a sua inquietação.

*"Por que então não há de Deus
mostrar-se bondoso comigo?
Suplico-lhe que vos dê a vida eterna...
a vós... a mim... a todos."*

Capítulo 20

Ele arremeteu orgulhosamente na direção da barricada da Rue de la Chanvrerie, um turbilhão gargalhante de alegria e satisfação infantis, arrastando os outros combatentes atrás de si em uma gritaria infernal.

Viva a República! Salve a Revolução!

Em pé sobre o assento da charrete que conduzia e cujos arreios puxava com vigor, sofreando os cavalos e parando bem em frente à taverna da viúva Hucheloup, gritava e batia no peito arrogantemente.

– Saúdem Gavroche, o grande herói republicano! – pedia, inclinando-se em uma mesura reverenciosa depois de cada onda de aplausos e gritos com que era mimoseado pelos homens e mulheres que rodeavam a charrete da qual finalmente desceu.

Uns poucos, mais sensatos, entreolhavam-se, contrariados. Causava espanto a eles e evoluía rapidamente para uma viva irritação toda aquela confusão provocada pela repentina chegada do menino. A própria reação dele soava descabida diante da situação desesperadora em que se encontravam.

As tropas governamentais se aproximavam, e as sentinelas mais avançadas informavam que o cerco se mostrava mais e mais inescapável e todos deveriam estar mais preocupados em recuar para locais mais seguros, reagrupar em novos refúgios, garantindo a segurança de mulheres e crianças ainda confinadas nos poucos prédios que resistiam de pé. Havia informações de que artilharia pesada estava sendo trazida dos arredores de Paris e de que a maior parte dos movimentos insurrecionais em outras cidades não mais existiam ou resistiam em grupos esparsos e perseguidos até por grupos armados de cidadãos contrários ao movimento. Portanto, não fazia sentido algum perder tempo com celebrações espúrias de bravatas como a que fazia Gavroche ao gabar-se de sua astuciosa ousadia.

– O cocheiro quase morreu de susto quando eu o derrubei da charrete e passei feito um doido bem nas barbas dos soldados que vigiavam a Gráfica Real...

Gargalhava, jogando o corpo para trás e dando pequenos saltos em torno de si, rodeado pelos outros revolucionários que celebravam seu gesto como se aquilo concretamente fizesse alguma diferença diante da situação desesperadora em que se encontravam.

Naqueles momentos, Gavroche se revelava a criança que era e seus indefinidos 10, 12 anos se manifestavam em toda a sua preocupante extensão. A gravidade de tudo o que acontecia à sua volta escapava-lhe inteiramente à compreensão. A Revolução era mais uma brincadeira, um jogo de aventuras como os tantos a que se entregava cotidianamente, e ele se esforçava para ser apontado e celebrado por todos em gestos e ações que, na maioria das vezes, pouco ou nada representavam para a luta fratricida e sangrenta que se desenvolvia país afora.

Gavroche era fruto do mundo em que vivia e, como muitos sabiam, a rua seduz, mas também induz à crença ingênua, comum às crianças, de que a liberdade é assim, sem fim e sem limites, e sob suas asas qualquer um pode fazer o que bem entender, despreocupado das consequências. Ainda estava distante e talvez ele jamais alcançasse a compreensão até mesmo frustrante de que tudo na vida tem um preço; se Gavroche sabia, preferia fingir que não via, ignorava em prol da satisfação selvagem, igualmente infantil, tão ao gosto da pouca idade, de ser ou se fazer o centro das atenções. A ilusão de liberdade propiciada pelas ruas, o abandono por parte dos pais ou, pior ainda, a fuga daquela espécie vil de paternidade representada por gente como Thénardier, a trazer impunemente para o mundo filhos dos quais não cuidará ou os quais usará em benefício próprio, levaram-no a se bastar e se fazer egoisticamente a partir das próprias decisões, bem como se satisfazer independentemente de maiores responsabilidades.

A revolução se fazia como tudo mais ao seu redor: um território extenso e sem nenhuma fronteira visível, aberto até aos maiores despropósitos, fantasiados de feitos heroicos tão ao gosto das multidões, sedentas tanto de heróis quanto de se verem livres de tomar decisões ou de se responsabilizar pelo seu próprio destino. Para os que o aplaudiam e celebravam, Gavroche era aquele que seguiriam, mas que, em igual medida, culpariam por qualquer fracasso ou tragédia.

Afinal de contas, para que servem mesmo os heróis a não ser para expiar a leviandade das multidões e poupar-lhes as vidas, via de regra, desprezíveis?

Marius estava entre aqueles que se preocupavam sinceramente com Gavroche e volta e meia via-se na obrigação de afastá-lo de uma de suas muitas peripécias tresloucadas e salvar-lhe a vida que ele tão infantilmente procurava, dia após dia, destruir. Incapaz de afastá-lo da luta nas barricadas, procurara enviá-lo a locais cada vez mais distantes do conflito que se sabia marchava inexoravelmente para a mais dolorosa e sangrenta derrota. Portanto, fácil de imaginar o que lhe passou pela cabeça quando o viu retornar conduzindo a charrete da Gráfica Real feito um louco para dentro da barricada onde estavam encurralados. Tivesse tempo e menos preocupações e prazerosamente lhe daria um bom par de cascudos, ou ainda pior.

Angustiado, entregou-se a seus temores, como a pressagiar dias piores para todos, mas principalmente para a criança, que era carregada sobre os ombros de uma pequena multidão que celebrava seu feito heroico. Algo lhe dizia que tais gritos e aplausos envenenariam a alma da pobre criança e ela se lançaria a ações ainda mais arriscadas ao longo das barricadas, vitimada pela vaidade inoculada em suas veias. Despojar-se-ia do pouco medo que ainda lhe restava, desapegar-se-ia da natural vontade de viver, comum ao ser humano, para alimentar-se daqueles aplausos, da celebração efêmera e absolutamente volúvel, facilmente encontrada entre covardes e bajuladores.

Assim pensou e assim se deu: não se passou nem um dia e Marius começou a ver Gavroche esgueirar-se mais temerariamente pelas barricadas. Entregava-se a gestos de tola ousadia, exibindo-se em desafio aos atiradores do governo. Oferecia-se para pilhar os cadáveres que se espalhavam ao longo da Rue de la Chanvrerie, livrando-os de armas e cartucheiras ainda cheias e transformando tudo em munição para os revolucionários encurralados.

Ao desespero de muitos Gavroche respondia com a alegria e a inconsequência de uma criança inteiramente livre em um mundo muito particular de diversões intermináveis. A guerra não o assustava, mas oferecia oportunidades incalculáveis de divertir-se e, ao mesmo tempo, fazer-se útil àqueles que, algum tempo antes, o apontavam e o temiam pelas ruas de Paris. Não era mais o pequeno ladrão, o tormento das velhas senhoras endinheiradas que acorriam às igrejas para lançar esmolas aos mendigos e esfomeados para expiar seus pecados e ficar bem aos olhos de Deus, muito menos a vítima de toda sorte de exploradores que o espreitavam na selva mais perigosa dentre todas, a das ruas e praças da grande cidade, a começar pelo próprio pai. As ilusões de grandeza afugentavam lembranças ruins e dores infames, e, sob este aspecto, nada mais infame do que a fome que o afligira muitas vezes e matara muitos irmãos e amigos.

Ah, nada mais pavoroso do que morrer de fome...

Indo e vindo pelos becos e vielas, esquivando-se das balas de atiradores cada vez mais cruéis e persistentes, via-se distante do que fora e mais próximo, cada vez mais próximo, do que sempre desejou ser.

Gavroche, o grande herói republicano. Gavroche, aquele sobre quem muitos escreveriam páginas e mais páginas com narrativas heroicas. Gavroche, de quem se fariam estátuas que ocupariam praças e mais praças por toda a França. Gavroche...

Allons enfants de la Patrie
Le jour de gloire
Est arrivé...[3]

Gavroche. Gavroche. Gavroche...
Entretanto, perversa é a realidade que, indiferente aos maiores despropósitos e sonhos de grandeza, nos devolve de maneira implacável ao que somos. Em certa manhã, Gavroche mais uma vez se esgueirava pelas trincheiras e barricadas quando uma bala o alcançou e o abandonou entre tantos outros corpos. Sequer gritou ou esboçou o menor gesto de desespero ou covardia, mas testemunhas que tudo presenciaram, inclusive Marius, garantiam e repetiam que seu derradeiro gesto foi de grande coragem e inarredável preocupação com o destino de seus companheiros de armas, ao se esforçar em vão para retirar mais uma cartucheira do cadáver de um guarda municipal.

Viva a Revolução! Viva a Revolução!

---

3 "Avante, filhos da Pátria. / O dia da glória / Chegou...". (N. E.)

*"Nunca devemos ter medo
de ladrões ou assassinos.
São perigos externos e os menores que existem.
Temamos a nós mesmos.
Os preconceitos é que são os ladrões;
os vícios é que são os assassinos."*

Capítulo 21

Em nenhum outro lugar, as profundas e infinitas contradições humanas aparecem tão dramaticamente explicitadas do que no campo de batalha. Talvez seja pela grandiosidade da proximidade da morte, o inferno cotidiano das trincheiras, a tensão exasperadora das barricadas ou, mais provavelmente, o paradoxal que faz com que criaturas que sequer se conhecem, verdadeiros desconhecidos, absolutamente semelhantes em sonhos, desejos e muitas vezes em existências, encontrem a morte em meio a uma busca insana por continuar vivo. Certamente deve ser por causa da percepção da fragilidade da vida, e em nenhum momento tal sentimento se faz tão presente quanto na hora da morte. Quem sabe seja a compreensão de que, despidos do verniz de maior ou menor civilidade, não passamos de animais que, à mercê do primordial de qualquer existência que são os instintos, buscam desesperadamente sobreviver. Será ali que a solidão esmagadora em que, ao fim e ao cabo, nascemos, em que somos confinados e em que morreremos se faz mais evidente e onde a nossa essência (a covardia, a mesquinhez, o egoísmo e outros tantos sentimentos, destacamente os ruins, pois, muitas vezes, a nossa benignidade é apenas a grande mentira que contamos sobre nós mesmos e para nós mesmos), nos confronta.

Tais reflexões não abandonavam a mente fria e analítica de Javert desde que Gavroche o denunciara e os revolucionários da Associação Amigos do ABC o aprisionaram na taverna da viúva Hucheloup. Firmemente aferrado às suas convicções, despreocupara-se de maiores questionamentos sobre o seu destino, e a morte era uma certeza a que se entregava sem maiores temores. Aliás, a cada dia que passava, mais a sentia próxima e inevitável. Dava de ombros quanto ao momento em que sobreviria. Estava resignado e sem demonstrar o menor arrependimento. Cioso do fato de ter pautado praticamente toda a sua existência a cumprir o seu papel na sociedade, ou seja, propugnar pelo estrito cumprimento das leis e perseguir implacavelmente a todos aqueles que a violassem de alguma maneira, morreria com a consciência tranquila. Sua morte era uma questão de tempo. Na verdade, de muito pouco tempo.

Nenhuma dúvida pairava sobre o assunto, nem mesmo entre aqueles que se identificavam como revolucionários. Mesmo jovens tão entusiasmados como os estudantes da Associação Amigos do ABC, a começar por Enjolras, eram tolos o bastante para se furtarem à constatação de que muito em breve tudo acabaria. O cerco das tropas governamentais estreitava-se em torno do derradeiro bastião de resistência da Rue de la Chanvrerie, e a resistência era espúria e sem o menor propósito, a não ser matar os mais corajosos ou os mais desesperados; circulavam boatos insistentes dando conta de que os insurgentes que se rendiam em outros pontos da cidade eram imediata e sumariamente executados, o que o próprio Javert, firmemente aferrado ao mais rigoroso cumprimento das leis dentro dos pressupostos básicos de civilidade e impessoalidade, repudiava com severidade.

A carnificina se fazia de parte a parte. Os próprios revolucionários não eram menos implacáveis, executando todo e qualquer infeliz guarda municipal ou soldado que lhes caíssem nas mãos, bem como os suspeitos de espionarem para o governo. Muitos morreriam simplesmente por sugerir a rendição ou por implorar que se permitisse liberar mulheres e filhos para abandonar a barricada. A fome e a doença grassavam pelos quatro cantos e aumentavam a sede de sangue dos mais exaltados, e Javert sabia que não se passaria muito tempo antes que nem Marius nem seus companheiros conseguissem controlá-los. Sua morte era uma questão de tempo, de muito pouco tempo, não se iludia, e se aproximava tão rapidamente quanto o estrondear de fuzis e canhões do governo.

Inesperadamente, algo mudou e, se não se investiu necessariamente de uma simples crença de que pudesse escapar ou ser de algum modo salvo, resvalou no imperecível zelo profissional pelo qual era conhecido pelos companheiros de ofício, mas, acima de tudo, por todos os criminosos que perseguiu e capturou. Foram os boatos. Cada um deles que chegava à taverna com os combatentes falava de um insólito companheiro de armas que surgira como que do nada nas barricadas. Um ou outro o chamavam de Fauchelevent, mas o mais surpreendente eram as muitas façanhas que protagonizava e que ora faziam com que o considerassem um ousado combatente revolucionário, ora suspeitassem não passar de um espião.

Que façanhas eram essas?

Como e de que maneira eram capazes de tornar tão extraordinária criatura o alvo preferencial das conversas entre homens desesperados e que muito naturalmente deveriam se ocupar bem mais com a questão da própria sobrevivência?

Os primeiros boatos o conformavam como um verdadeiro gigante capaz de sustentar ou carregar nos ombros grandes volumes com os quais reformava a barricada atingida pela fuzilaria implacável das tropas governamentais. A força prodigiosa lhe permitia carregar grupos de crianças sobre os ombros ou pôr em fuga muitos guardas municipais. Aliás, muitos o tomavam por louco, lutando sua guerra particular no meio daquela violência, ora se lançando furiosamente sobre os soldados, ora poupando-lhes a vida de modo até bizarro.

– Ele se atirou sobre os dois guardas municipais e, quando nós pensamos que fosse trucidá-los com as próprias mãos, o gigante apenas arrancou o capacete da cabeça deles com um tapa e afugentou o resto da tropa com seus gritos! – informou um dos revolucionários que testemunhara a cena, ainda embasbacado. – Dá para acreditar? Eu acho que ele é um espião...

Poucas certezas realmente sobreviviam sempre que a conversa envolvia as proezas do gigante de nome Fauchelevent. As histórias que envolviam suas escaramuças contra tropas governamentais eram espantosas. Ele se engalfinhava com as mãos vazias, virava e atravessava charretes e outros veículos nas ruas, para atrasar o avanço dos soldados, e tinha uma mira das mais formidáveis. Uma história das mais apreciadas falava que, logo após um violento ataque com canhões, a barricada ficara com um grande rombo. Surpreendentemente, o tal Fauchelevent apossou-se da carabina de dois canos de Enjolras e, com disparos certeiros, cortou as cordas que prendiam um colchão no alto de um prédio e o fez desabar exatamente sobre o buraco, ainda se dando ao trabalho de ajeitá-lo e escorá-lo com alguns móveis.

O mais inusitado era que aqueles disparos não passaram de um fato isolado, pois, apesar de saber muito bem usar uma arma, fosse ela um fuzil, uma pistola ou uma faca, em momento algum, antes ou depois daquele dia, qualquer um dos insurgentes o viu demonstrar intenção de matar alguém, mas, pelo contrário, em outras ocasiões, salvara a vida de vários soldados.

Javert ouvia a tudo e a todos e, quanto mais histórias ouvia, mais se convencia de que Fauchelevent não era outra pessoa senão Jean Valjean. A descrição física e os prodígios de força, por si só, não seriam suficientes para que chegasse àquela constatação, era o primeiro a admitir. No entanto, algo dentro dele, no muito do que ouvia acerca de Fauchelevent, o levava a crer que se tratasse do criminoso que procurava há anos.

O que estaria fazendo naquele lugar e tão próximo de si?

Não se deixava iludir, acreditando que não o houvesse reconhecido. Certamente que o reconhecera desde a primeira vez em que seus olhos se cruzaram na confusão da taverna enfumaçada. Os olhares trocados nas cada vez mais frequentes aparições de Valjean não deixavam margem para dúvida. Aliás, restava-lhe apenas uma única dúvida: quando Valjean o mataria.

Quanto mais próximo e mais intenso o tiroteio na barricada da Rue de la Chanvrerie, maior a possibilidade de que aquele momento se desse dentro de, no máximo, dois dias.

Já não havia a menor possibilidade de os tais revolucionários da Associação Amigos do ABC resistirem por mais tempo ao avanço das tropas do governo. Da mesma forma, nenhum deles esperava contar com o apoio de outros grupos vindos de outras regiões da cidade ou de seus arredores. A revolução fracassara, e o maior sinal de que estavam entregues à própria sorte era que não podiam contar com o apoio nem de antigos apoiadores. Os que não estavam presos haviam fugido, inclusive para países vizinhos. Muitos estavam mortos, enquanto a maioria da população simplesmente ignorava o apelo às armas de estudantes e operários e, aos poucos, voltavam à normalidade como se nada de mais grave houvesse acontecido em Paris e em várias outras cidades francesas. Dentro de poucos dias ou mesmo de horas, o derradeiro bastião de grandes transformações sociais e políticas sucumbiria sem deixar maiores lembranças.

Javert desconfiou de que a revolução acabara quando Jean Valjean entrou mais uma vez na taverna e rumou para o balcão onde Enjolras e outros insurgentes conversavam. Não soube sobre o que conversavam, mas a discussão se tornou mais acalorada depois de sua chegada. Certamente definiam o seu destino. Alguns se voltavam e, de tempos em tempos, alcançavam-no com olhares ferozes, dardejantes de ódio e inconformismo. Em dado momento, foi o próprio Valjean que grunhiu:

– Por mim, ele morria agora mesmo!

Sua morte estava decretada quando Enjolras entregou uma pistola a Valjean e afirmou:

– Execute-o então!

O chão estremeceu. Os canhões estavam próximos. Explosões varriam a débil resistência dos poucos encarapitados na barricada. Alguém gritou que Courfeyrac estava morto sobre uma pilha de paralelepípedos e insistia:

– Corram para salvar suas vidas!

Enjolras e os outros insurgentes saíram precipitadamente, deixando Valjean e Javert sozinhos.

– Se vai me matar, faça isso de uma vez! – resmungou Javert, desafiador.

Jean Valjean bufou, irritado, e surpreendeu-o inteiramente, desamarrando-o.

– Venha! – ordenou, ainda mantendo-o sob a mira da pistola.

Javert lançou-lhe um olhar desconfiado.

– Por que perder tempo? – insistiu.

Valjean o empurrou para fora e, juntos, rumaram para outra pequena barricada na direção da Rue Mondétour. Aqui e ali, acossados pelo tiroteio e pelas explosões que sacudiam os prédios nas vizinhanças, olhavam na direção da barricada que desabava fragorosamente em plena Rue de la Chanvrerie. Marius desapareceu no meio da fumaça que se desprendia dos prédios em chamas. A poucos metros da taverna da viúva Hucheloup, Enjolras e quatro ou cinco companheiros sucumbiram debaixo de uma chuva de balas.

Rapidamente esgueiraram-se por becos cada vez mais estreitos, ziguezagueando entre corpos ou abaixando-se, assustados, fugindo de balas que passavam zunindo sobre suas cabeças. Um pouco antes de alcançarem a barricada na Rue Mondétour, Valjean puxou Javert pelo braço, obrigando a parar e virar-se para ele.

– Vai me matar? – perguntou o policial.

– Você olhou muito bem para mim, não, Javert? – contrapôs Valjean.

– Sabe muito bem quem eu sou, não sabe?

– Sei sim... – Javert calou-se por um instante e ficou observando seu interlocutor enfiar a pistola na cintura e retirar uma navalha de um dos bolsos. – Então será assim que vai me matar? Uma navalha...

Calou-se bruscamente quando Valjean cortou rapidamente as cordas que lhe amarravam os pulsos.

– Vá embora, Javert – disse secamente.

O policial lançou-lhe um olhar de desconfiança.

– Não vou lhe dar as costas, seu covarde...

Valjean sacudiu os ombros em um gesto de pouco caso.

– Faça como achar melhor. De qualquer forma, duvido que qualquer um de nós saia vivo deste lugar...

– Eu vou sair e, acredite, vou pegá-lo.

– Duvido muito, mas, se você conseguir, poderá me encontrar no número sete da Rue de l'Homme Armé. Procure por Fauchelevent, Ultime Fauchelevent.

Javert empertigou-se. Abotoando o casaco, sorriu desdenhosamente e indagou:

– Espera que eu acredite nisso?

– Não espero nada.

– Você não me engana.

– Não quero fazer isso. Não mais...

– Eu vou encontrá-lo. Não importa para onde vá ou se esconda, eu vou...

– Faça como achar melhor, Javert.

– Se eu fosse você, me matava agora mesmo e...

– Felizmente para você, eu não sou...

Silêncio.

Explosões reverberavam na vastidão fantasmagórica dos prédios e das barricadas destroçadas em torno de ambos. Grossos rolos de fumaça desprendiam-se das ruínas fumegantes, e tudo ao redor desaparecia única e simplesmente para agravar a sensação de que estavam sozinhos na desolação de uma existência inteira dedicada àquela perseguição interminável.

– Por que está fazendo isso? – Javert desconfiava, mas inesperadamente descortinava-se um laivo de perplexidade em seus olhos apertados e fixos em Jean Valjean.

– Saia daqui, Javert – pediu o ex-presidiário, a fisionomia cansada, os ombros caídos, como se sustentasse um peso insuportável.

Javert foi recuando aos poucos, passos vacilantes, desconfiados. Não virou e simplesmente saiu correndo. Não ofereceu as costas àquela navalha mesmo depois que Valjean a devolveu ao bolso. Não desgrudou os olhos de sua figura imponente e maciça. Ignorando a intensa fuzilaria que estrondeava principalmente dos lados da Rue des Prêcheurs, algo novo apareceu por um instante em sua fisionomia invariavelmente taciturna e austera. Por mais que se esforçasse, não conseguia mais esconder ou pelo menos dissimular certa perplexidade no olhar, no modo como balançava a cabeça de tempos em tempos. Por fim, desapareceu por trás de uma pilha de paralelepípedos e foi apenas no instante seguinte que Valjean sacou a pistola e disparou para o ar, retornando às barricadas da Rue de la Chanvrerie em seguida.

"Há um modo de fugir que se assemelha a procurar."

Capítulo 22

O mundo desabou sobre Marius em uma torrente apavorante de fogo e fumaça. Explodia e desaparecia diante de seus olhos em tal velocidade e devastação que, em mais de uma ocasião, não acreditou nos próprios olhos. Um pesadelo, um dantesco pesadelo de morte, um monstro implacável e constrangedoramente informe avançava em um turbilhão horripilante de destruição. Uma tempestade de chumbo incandescente zunia em torno de corpos, destroçando-os, explodindo tudo e todos que encontrava naquela maré sangrenta que tingia de vermelho tudo à sua volta.

Poucos corpos jaziam íntegros pelo chão e, não raramente, crivados de balas. No mais, tudo o que se via eram restos humanos rapidamente sepultados pelos escombros dos prédios que desmoronavam ao longo da Rue de la Chanvrerie, golpeados de maneira selvagem e intermitente pelos canhões. Bandos enlouquecidos se digladiavam na confusão. Soldados, insurgentes, todo e qualquer vivente que buscasse sair daquele imenso matadouro. Lembrou-se de ter visto Thénardier à frente de um bando de homens e crianças e horrorizou-se ao perceber que se entregavam a espoliar os corpos sem vida que encontravam pelo caminho, esvaziando bolsos, despojando de roupas e armas. Os boatos que circulavam entre os combatentes se fizeram amarga verdade, e ele se perguntava como seu pai pudera enganar-se tanto, atribuindo qualquer tipo de heroísmo a criatura tão vil.

Marius corria desorientadamente, era uma das mais frequentes lembranças que lhe vinham à mente. O cadáver de Courfeyrac estirado sobre as barricadas. Os últimos instantes de vida de Gavroche se multiplicavam em sua mente. Rostos conhecidos perturbavam sua sanidade. Mortos. Todos mortos. Em dado momento, lembrou-se de que um combatente agarrou-se a um de seus braços e lhe informou que o tal Fauchelevent havia executado o espião e lembrou-se ainda mais vagamente de que outro combatente lhe dissera que o espião era um policial chamado Javert.

Marius lembrou-se dele. Era o policial que lhe presenteara com as duas pistolas quando fora denunciar a armadilha que Thénardier preparava para Fauchelevent na sórdida hospedaria Gorbeau.

Espantou-se. Difícil crer no que sua mente meramente insinuava.

A troco de que Fauchelevent se arriscara tanto para matá-lo? Faria Javert parte do medo intenso e misterioso que levava o velho a fugir de tempos em tempos na companhia de Cosette?

Uma onda febricitante de pensamentos e questionamentos redemoinhava em sua mente atribulada, enquanto recuava para dentro da taverna da viúva Hucheloup na companhia de alguns combatentes, quando se sentiu fortemente golpeado no ombro e o mundo desapareceu diante de seus olhos em uma escuridão fria e insondável. A próxima lembrança o surpreenderia ainda mais. Estava sendo carregado por alguém que, no momento seguinte, reconheceu como sendo o próprio Fauchelevent.

O que acontecia?

Mal teve tempo ou forças para perguntar. Sentia-se fraco, terrivelmente fraco, no limite preocupante da mais completa inconsciência. Tudo à sua volta se fazia escuro, e o fedor era insuportável; em mais de uma ocasião, sentiu-se sufocado, uma inacreditável dificuldade de respirar. Olhos brilhantes varavam a escuridão invencível. Ratos. Guinchos ameaçadores se repetiam ao longo de túneis estreitos. Os passos do gigante silencioso que o carregava chapinhavam na serpenteante trilha alagadiça e escorregadia, ele quase caíra pelo menos duas vezes e se apoiara nas paredes pegajosas e igualmente fétidas. Esgotos, pensou. Fugiam pelos esgotos.

O que acontecera?

Onde estavam os outros?

Enjolras estava a seu lado. Uma dor lancinante no ombro esquerdo. Cosette apareceu em seus pensamentos e, em seguida, desabou mais uma vez na mais completa inconsciência. Não saberia dizer por quanto tempo ficou desacordado, à mercê daqueles fragmentos de recordações infelizes e das mais dolorosas. Ao abrir mais uma vez os olhos, viu-se sobre o ombro daquela criatura descomunal e tão enlameada e fétida que apenas supôs tratar-se do pai de Cosette.

Fauchelevent?

Sim, era o nome pelo qual se apresentava, apesar de, naquele instante, Marius saber que não era seu nome verdadeiro.

Mexeu-se, inquieto, mas parou no momento seguinte, hirto e assustado, ao ouvir vários disparos estrondear labirinto adentro, a escuridão vencida de tempos em tempos pelo clarão intermitente das armas.

– São os soldados – informou seu salvador, ao vê-lo pestanejar, confuso. – Estão perseguindo os que conseguiram escapar das barricadas...

Quis fazer mais perguntas, mas, nesse momento, Jean Valjean parou diante de uma abertura gradeada e, sem tirá-lo do ombro, agarrou-se às grades e as sacudiu vigorosamente. Como não cedessem, sentou Marius em um dos lados do corredor, apoiando-lhe as costas na parede esburacada, de onde escorria uma água escura em borbotões terrivelmente malcheirosos. Mais uma vez, arrojou-se contra as grades. Agarrou-se a elas e sacudiu, urrando de raiva e crescente impotência.

Parou e virou-se, punhos cerrados erguidos defensivamente, os olhos perscrutando a escuridão em um dos extremos do corredor, buscando aquela voz que soava zombeteiramente em seus ouvidos.

– Bem-vindo a Grois-Caillou, meu amigo...

Arrepiou-se por inteiro ao reconhecê-la. No momento seguinte, Thénardier saiu das sombras, a boca arreganhada em um largo sorriso que apenas tornava a expressão de seu rosto ainda mais matreira.

– Quer sair daqui? – insistiu, achegando-se. – Posso ajudá-lo...

Jean Valjean nada disse. Continuou observando-o e, no início, tentando discernir se ele realmente não o reconhecera ou apenas fingia, sabe-se lá para quais propósitos. Passou algum tempo e, por fim, acreditou que Thénardier não o reconhecera e entregou-se às suas propostas.

– Vejo que seu amigo aí está nas últimas – disse, apontando para Marius. – Que tal eu tirá-lo daqui e nós dividirmos o que pudermos tirar dele?

– Eu só quero sair daqui com ele – informou Jean Valjean. – Você pode ficar com o que encontrar nos bolsos dele.

Uma centelha de desconfiança iluminou os olhos de Thénardier.

– Tem certeza?

– Claro.

– Por quê?

– Isso é apenas de minha conta. Então? Concorda? – Jean Valjean ainda lhe deu todo o dinheiro que carregava nos bolsos.

Thénardier sequer se preocupou em ver o quanto recebia, guardando nos bolsos da calça e do casaco antes de abrir a porta gradeada para que saíssem.

Valjean apressou-se em colocar Marius sobre o ombro e ainda saía quando se voltou para agradecer. Não o encontrou. Thénardier simplesmente desaparecera, quase no mesmo instante em que um vulto conhecido se colocou bem à frente de Valjean.

Reconheceu-o, mas estava tão sujo e enlameado que teve a certeza de que o recém-chegado não o reconheceu. Mero acaso ou mais uma das artimanhas de Thénardier, percebeu de imediato que se tratava de Javert.

Ficaram se olhando. Javert nada disse, seus olhos revelando tão somente um profundo asco pela figura ensanguentada e coberta de lama à sua frente. Nada disse, muito menos o nome de Jean Valjean. Certamente deixaria que fossem embora, tomando a ambos com certeza por um dos sobreviventes das barricadas que se ergueram pela cidade naqueles dias violentos. Infelizmente, talvez vencido pelo cansaço ou derrotado mais uma vez por sua consciência, o ex-presidiário empertigou-se e disse:

– Não vou resistir, Inspetor Javert. Sou seu prisioneiro. Só lhe peço encarecidamente que me atenda um pedido...

Javert recuou, surpreendido e ainda sem reconhecê-lo.

– Que pedido? – perguntou.

– Eu sou Jean Valjean, o homem que o senhor procura há anos. Antes que me leve de volta à prisão, eu lhe pediria que me ajudasse a levar este jovem de volta para casa, pois ele precisa de socorros médicos.

Javert olhou para um e para o outro. Continuava sem reconhecer qualquer um deles e, por causa disso, retirou um lenço do bolso e o umedeceu em uma poça d'água. Em seguida, esfregou-o no rosto de Marius, limpando a lama.

– Vi este homem na barricada da Rue de la Chanvrerie – reconheceu-o por fim. – Por que idiota me toma? Não vê que ele está morto?

– Ainda não, inspetor. Por favor, ajude-me. Ele mora no Marais... – Jean Valjean calou-se quando o policial se pôs a revistar os bolsos de Marius, principalmente depois que encontrou uma carteira. Encarou o ex-presidiário. – Por que não fugiu?

– Ele precisa de cuidados, inspetor... – insistiu Valjean.

– Muito estranho. Você...

– Eu não poderia ir embora e deixá-lo para trás...

Uma crescente confusão instalou-se na alma inquieta de Javert. Mais de uma vez olhou para um e para o outro, sem compreender o que se passava, a começar pelo comportamento de Jean Valjean.

Por que não fugira quando teve a oportunidade?

A troco de que se arriscar a ser preso e muito provavelmente condenado à morte?

E, mesmo antes, por que não o matara quando tivera os meios e a oportunidade?

O que se passava com aquele homem?

Enlouquecera?

Javert não compreendia e não encontrava uma explicação para o comportamento de Valjean. Titubeava, tropeçava em certezas muito antigas e dúvidas tão recentes quanto inquietantes. Perturbador.

– Cocheiro! – gritou, por fim, gesticulando para a carruagem que o acompanhava na patrulha. Virando-se para Valjean, resmungou: – Coloque-o aí e não tente nada, ouviu?

– Eu lhe dei a minha palavra, inspetor – disse o ex-presidiário, estirando o corpo de Marius em um dos bancos e embarcando com Javert atrás de si.

"E que valor tinha a palavra de um criminoso?", perguntava-se Javert enquanto a carruagem sacolejava pelas ruas silenciosas da cidade, os olhos fitos na figura maciça e enlameada de Jean Valjean. Mesmo depois que chegaram à casa de Gillenormand e um médico foi chamado para cuidar de Marius, ficou se interrogando acerca das preocupações que inquietavam a alma do homem que perseguia há anos e que só concordou em acompanhá-lo depois de se certificar de que o jovem não corria mais nenhum risco de morrer. Sua confusão mental era tão extraordinária e inusitada que ele mesmo se surpreendeu quando aceitou sem maiores discussões levar Jean Valjean até seu último endereço.

– Rue de l'Homme Armé, número 7 – ordenou maquinalmente para o cocheiro.

Taciturno, mas, apesar disso, cada vez mais inquieto, sem compreender o que se passava consigo mesmo, deixou-se levar, assombrado com uma infinidade exasperadora de perguntas e dúvidas. Ser surpreendido em suas mais arraigadas convicções o estava deixando pouco à vontade.

Jean Valjean lhe poupara a vida. Preocupara-se com a vida de um desconhecido ao ponto de entregar-se em suas mãos e à incontornável volta à prisão. Difícil de entender e, quanto mais pensava, mais ainda se defrontava com outras lembranças. O bom e empreendedor Madeleine, que construíra toda a sua fortuna do nada e mudara a vida em uma cidade inteira, antes de pôr tudo a perder para salvar dois homens da morte. O zeloso guardião da filha de uma empregada cuja morte considerava ser sua culpa e pela qual vinha correndo todos os riscos há muitos e muitos anos.

Incompreensível.

Não compreendia e, conforme o tempo passava, não se compreendia.

O que se passava?

Que sentimento inquietante era aquele que o fustigava a cada instante desde que Jean Valjean poupou-lhe a vida ainda nas barricadas?

Por quê?

Estivesse em seu lugar e muito provavelmente não titubearia em matar, e foi tal constatação que mais o apavorou.

O mal que via em Jean Valjean também estava presente em sua alma e em seu coração, e aquilo se fez motivo e razão esmagadora para mergulhar no passado mais remoto, no terror de sua alma impoluta, erodindo as certezas que faziam dele um policial de conduta elogiada, visão inabalável de que representava, compreendia e, portanto, aplicava a lei como deveria ser aplicada. Ele era a lei e a justiça, a benignidade que o diferenciava dos criminosos que passara toda a sua vida perseguindo e prendendo.

E se estivesse enganado?

E se sua vida inteira não tivesse passado de um lamentável engodo?

Olhou mais uma vez para Jean Valjean. Despido de certezas até então imperecíveis, pela primeira vez experimentou um medo intenso. Não, não era daquele homem, mas, antes, de si mesmo, daqueles questionamentos infindáveis que não o deixavam em paz.

Saberia conviver com todos eles daquele momento em diante?

Não soube dizer. Preferiu ignorar e mesmo esquecer.

Assim que a carruagem parou bem em frente à casa número 7 da Rue de l'Homme Armé, abriu uma das portas e ordenou que Valjean descesse, seguindo-o logo depois.

– Não se demore – grunhiu, enquanto observava as janelas se iluminarem na pequena construção.

O ex-presidiário espantou-se.

– Não vai entrar?

Javert sacudiu a cabeça e respondeu:

– Vou esperá-lo aqui fora mesmo. Vamos, apresse-se!

A porta de número 7 da Rue de l'Homme Armé fechou pesadamente diante do policial. Ele não se moveu. Durante certo tempo, o cinza melancólico de seus olhos cansados pairou na sólida estrutura de madeira, como se não houvesse mais para onde ir ou razões para fazê-lo. Perplexidade. Desamparo. Por fim, ele virou-se e pôs-se a descer a rua deserta. O cocheiro ainda o chamou, mas ele sequer virou para atender. Enveredou a noite escura e nevoenta e não mais voltou.

"Humanidade quer dizer identidade.
Os homens são todos do mesmo barro.
Na predestinação não há diferença
alguma, pelo menos neste mundo.
A mesma sombra antes,
a mesma carne agora, a mesma
cinza depois. Mas a ignorância
misturada com a massa humana
enegrece-a. Essa negrura
comunica-se ao interior do homem,
e converte-se no Mal."

Capítulo 23

A estrada era insuportavelmente vazia. A cidade em tudo se assemelhava a um enorme fantasma a assombrá-lo. O peso de toda uma consciência inquieta constituía-se em fardo cada vez mais difícil de carregar. A convivência consigo, depois de cada passo dado, despojava-se de qualquer sentido, como se, desalentado e só como nunca antes estivera, não soubesse se seria capaz de abrir os olhos no dia seguinte e continuar com tudo aquilo que até então identificava como vida.

Suas certezas esvaíram-se, tornaram-se pó diante daquele homem. Não propriamente dele, mas de muitos que, como ele, Javert certamente acreditava naquele instante que perseguira, prendera e, com a prisão, condenara ao inferno mais apavorante que seria sempre a prisão injusta, pagar por um crime que não cometeu ou mesmo enfrentar uma pena muito além e, portanto, igualmente injusta por crime cometido.

Dedicara toda a sua existência àquela paciente construção de convicções inabaláveis. O medo de vir a ser ou converter-se no mal que identificava nos pais o fizera correr em direção contrária e, com tal gesto, construir-se na certeza de que a integridade, o respeito e, tempos mais tarde, a dedicação à aplicação férrea e implacável da lei tanto o resguardaria de destino tão apavorante como o faria livrar o mundo da maldade de homens como Jean Valjean.

No conforto de suas crenças, cada vez mais se encastelou na visão simplista de que o mundo se dividia necessariamente entre os bons e os maus, ocupando territórios distintos e separados por fronteiras imutáveis. E, se aos bons deveria proteger e resguardar, dos maus deveria se resguardar e se defender, pois em sua língua se escondiam a lisonja, a traição e outros sentimentos ruins.

Por anos a fio, entregou-se a tais certezas, como se predestinado àquele papel na sociedade, qual seja, o de protegê-la dos detentores dos piores sentimentos e dos propagadores do ódio, da violência e de todo um cabedal de atitudes abjetas e condenáveis. Pessoas como Jean Valjean eram execráveis e deveriam ser mantidas à margem do melhor da sociedade, alijadas do convívio das boas pessoas.

Tudo se desfez em uma débil nuvem de incertezas ao longo dos muitos anos em que perseguiu Jean Valjean. Fora da segurança das leis, haveria apenas a barbárie, os piores instintos, o animal selvagem e monstruoso que vive dentro de cada um de nós, preso entre as sólidas grades da conveniência e da civilização. Em seu coração, não residia dúvida alguma acerca da justeza de seus propósitos, e, mesmo depois da primeira vez em que prendeu Valjean, não se deixou iludir por seus apelos ou por aquela generosidade que levara a todos de roldão na pequena Montreuil-sur-Mer.

Ele era um criminoso e como tal deveria ser tratado. O castigo era o caminho natural por escolhas erradas feitas. Não se devia deixar envolver e muito menos comover pela falsidade enganosa de suas belas palavras. Em mais de uma ocasião, quando esteve prestes a se deixar levar por este ou aquele apelo dramático, lembrou-se da astúcia do pai, de como suas palavras eram envolventes e influenciaram muita gente a seguir o caminho errado que os condenou à prisão e à morte. Todas as promessas da mãe se esvaíam como fumaça, e ela foi se lançando cada vez mais à desgraça da prostituição até conseguir que o próprio filho não tivesse lugar algum para ela dentro de seu coração.

Não, nunca mais, em tempo algum, se deixaria levar pelas palavras de quem quer que fosse. Os temores crescentes pouco a pouco o lançaram a horrores ainda maiores e, por fim, nada mais restou em Javert a não ser aquela obrigação, dever ou razão de existir, a perseguição e a prisão de todos aqueles que, na sua opinião, representavam um perigo para a sociedade.

No entanto, tão longa perseguição, a verdadeira obsessão em que se converteu a prisão de Jean Valjean, também se converteu na paulatina transformação de Javert. Torná-lo parte de sua existência diminuiu a distância e trouxe cada vez mais dúvidas para sua alma sofrida.

E se a justiça não fosse perfeita?

E se a maldade não fosse tão completa e, afinal de contas, Jean Valjean carregasse em si algum laivo de bondade, por menor que fosse?

Os acontecimentos que se foram seguindo e, por vezes, se repetindo acabaram aos poucos o despojando das convicções inabaláveis e colocando-o frente a frente com a pior das contestações: a de que, muitas vezes, a bondade e a justiça que perseguimos também nos tornam maus e injustos, em tudo semelhantes ao mal que combatemos.

Atingido em cheio em suas mais profundas e arraigadas convicções, cada vez mais prisioneiro de seus valores, os mesmos que fizeram dele o que ele era até então, o que lhe restaria?

Como abdicar de cada um deles e continuar sendo o que, afinal de contas, sempre foi e, de outro modo, nada seria ou saberia ser?

O que faria?

Sempre fora o policial que era e, por tudo o que sacrificara para sê-lo, angustiava-se pela escuridão que se faria de seus dias por vir.

Homens sem raízes e sem outro caminho a seguir, por que ainda insistir em ser o que era?

Quantos como Jean Valjean prejudicara?

Que mal fizera a si mesmo?

Pensamentos tão inescapavelmente sombrios apossaram-se dele por completo, e assim foi indo pela cidade, a angústia oprimindo-lhe o peito, uma ou outra lágrima dolorida escorrendo pelo rosto magro e cavado em rugas ainda mais profundas. Rumou para o Sena e, alcançando-lhe a margem, alcançou o cais de Ormes. Dali, chegou a Greves e, mais adiante, ao posto policial da Praça du Châtelet, na esquina da ponte de Notre-Dame. Chegara ao seu destino, ou pelo menos ao destino que escolhera para si.

Naqueles tempos, aquele ponto do rio era tido e havido pelos marinheiros que por ele navegavam como um trecho especialmente perigoso, onde muitos foram vitimados pela força das águas. Javert, como todos os policiais que habitualmente patrulhavam as margens do Sena, sabia muito bem dos riscos que se corria ao cruzar correnteza tão violenta.

Ficou observando-o por muito tempo. As águas redemoinhantes. Seu tonitruante rugido noite adentro. Nunca antes se sentira tão solitário. Mortificado e abatido, prisioneiro de uma melancolia sem limites, algo lhe dizia que não mais seria capaz de conviver com o que quer que sobrasse do homem que sempre fora. Verdadeiramente não imaginava em que se estava transformando depois daquela longa jornada pela cidade, acompanhado por dúvidas irreparáveis. Ainda assim e antes de voltar em definitivo para o rio, encaminhou-se para o posto policial da praça e lá se dedicou muito minuciosamente, vale salientar, a uma longa explanação acerca das agruras e incompreensões que envolveram todos aqueles anos de uma carreira absolutamente ilibada e sem uma nódoa sequer. Feito isso, assinou o documento e retornou mais uma vez ao rio. Sem testemunha alguma e nenhuma hesitação, subiu na amurada e lançou-se à morte sem um pingo que fosse de arrependimento.

"A alma ajuda o corpo e chega mesmo algumas vezes a ampará-lo."

Capítulo 24

A desconfiança perdurou durante um bom tempo logo que Marius abriu os olhos e deparou com o rosto sorridente do avô. O alívio que substituiu a ansiedade de sua tia lhe pareceu bem mais sincero, e ele a acolheu com muito mais boa vontade. A bem da verdade, pelo menos nos primeiros dias, pouco falou e mais ouviu, e, mesmo de tudo o que ouviu, em pouco acreditou.

A grande rebelião de 1832 convertera-se em sangrento fracasso e, relutantemente, o velho Gillenormand contou-lhe os tristes acontecimentos que se seguiram à efervescência política. Boa parte dos membros da Associação Amigos do ABC havia morrido ou sido exilada nos países vizinhos. Por toda a França, as prisões ainda se encontravam abarrotadas, e a mão pesada do Estado estava apenas semeando o terreno ainda fértil de uma nova rebelião, com penas das mais severas e cruéis, admitia o próprio Gillenormand.

O velho aristocrata comportou-se com extrema discrição e boa vontade ao longo de todos aqueles dias de convalescência de Marius, esquivando-se a dar sua opinião sobre os últimos acontecimentos e mesmo revelando-se extremamente indignado com as pesadas penas que atingiam indiscriminadamente participantes e simples simpatizantes do movimento revolucionário.

Em princípio, Marius desconfiou de tanta generosidade e indulgência. As palavras e as ações do avô em nada lembravam o aristocrata irascível e francamente hostil a tudo o que dissera e fizera ao longo dos muitos anos de uma tensa e beligerante convivência. Em momento algum ele retornou, mesmo que brevemente, àquelas costumeiras recriminações em que, via de regra, incluía a própria filha e o pai de Marius. De modo surpreendente, apresentou-se gentil e inacreditavelmente preocupado, ao ponto de, em mais de uma ocasião, dormir ao seu lado, apreensivo com seu estado de saúde. Definitivamente, aquele não era o homem que infernizou a vida de seus pais até o último dia de cada um deles e que finalmente o expulsou de casa algum tempo antes.

Provocou-o ao extremo. Desdobrou-se em comentários maledicentes sobre o governo e espantou-se quando o avô não apenas partilhou de sua opinião, mas chegou a propugnar pela aceitação de muitas das reivindicações dos revoltosos de 1832.

— Posso não partilhar integralmente de suas opiniões e questionar frontalmente seus métodos, mas reconheço que muito do que queriam é justo e necessário se quisermos evitar mais derramamento de sangue neste país — afirmou Gillenormand, deixando boquiabertos tanto Marius quanto sua tia.

Aliás, apesar da insistência da tia de que Gillenormand estava sinceramente arrependido de tudo o que fizera e que pretendia remediar, sabia-se de antemão que nada do que fizesse e dissesse apagaria todo o mal que seus atos passados produziram.

— É o que vamos ver — disse Marius, disposto a desmascará-lo.

Certa manhã, encontravam-se na biblioteca quando inopinadamente virou-se para o avô e afirmou:

— Eu vou me casar!

Espantou-se quando o velho aristocrata sorriu gostosamente e concordou:

— E tem o meu apoio, rapaz. Casará com quem sempre quis, está bom assim?

– Cosette?
– É esse o nome dela, pois não?
– É, mas...
– Pois está decidido. Quando faremos o pedido?

Desnecessárias se fizeram quaisquer palavras depois daquele dia. Um abraço emocionado desfez anos de ressentimento e mágoa, o rancor, antes tão forte e poderoso, empalideceu, tornou-se surpreendentemente menor diante daquela ansiedade crescente que toma conta do coração de qualquer um no momento em que o amor por tanto tempo perseguido está tão próximo de nós.

Tudo se fez enlevo e encantamento. Arestas tolas foram aparadas. Tanto neto quanto avô, nos dias que se seguiram, como que se sentiram até na obrigação de recuperar um tempo perdido, consumido em sentimentos bem ruins, ao mesmo tempo em que se entregavam aos preparativos para receber Cosette e o pai.

– Ele se sente responsável por todo o sofrimento que causou a você e a seus pais – confidenciou a tia, poucas horas antes da chegada de Jean Valjean, mais uma vez apresentado como Fauchelevent, pai de Cosette. – E disse que vai consumir até o último de seus dias que ainda tiver nesta vida para se redimir.

Inútil Marius assegurar que já se sentia absolutamente feliz e satisfeito apenas por ambos concordarem com seu casamento. Gillenormand esforçou-se ao máximo para receber pai e filha em sua casa da melhor maneira possível, inclusive gastando além de suas modestas posses para que nada desse errado ou causasse algum tipo de reprovação, por menor que fosse, aos Fauchelevent. O seu nervosismo era tanto que, no momento em que pediu a mão de Cosette para o neto, confundiu-se com o nome de Valjean...

– Meu caro senhor Tranchelevent...

Difícil conter os risos que envolveram a todos e alcançaram até mesmo o naturalmente carrancudo e lacônico Jean Valjean. O ambiente desanuviou-se no momento seguinte e, mais adiante, permitiu que o velho aristocrata, empertigando-se e conferindo um ar cerimonioso ao evento, fizesse muito sinceramente o pedido de casamento.

– Serei sincero com o senhor – disse, virando-se para Fauchelevent. – Não somos mais uma família de muitas posses, e certamente sua filha só poderá ter certeza da sinceridade dos sentimentos de meu neto e de que todos faremos o máximo possível para que ambos não enfrentem muitas dificuldades financeiras. Ele a ama muito, e espero que o senhor leve isso em conta ao considerar o pedido que estou lhe fazendo.

– A única coisa que levarei em conta é o sentimento que une a ambos, meu bom amigo – assegurou Jean Valjean, achegando-se a uma pequena mesa e colocando entre eles um pacote que carregava. Desamarrou o barbante que o atava e desembrulhou vários maços de notas. – O senhor tem aí quase seiscentos mil francos, que, acredito, serão mais do que suficientes para lhes garantir uma existência feliz e absolutamente despreocupada.

Assombro geral.

Nenhum questionamento. Pergunta alguma. Por seu lado, tanto o velho Gillenormand quanto sua filha respiraram aliviados diante da pequena fortuna, temerosos que estavam quanto ao futuro de Marius. Ao casal de apaixonados pouco ou nada interessava dinheiro ou quaisquer bens materiais. Tudo o que importava ou tinha valor para os dois era a força do sentimento que os unia. Por seu lado, Jean Valjean tinha a consciência absolutamente tranquila, pois tão vultosa quantia era fruto de anos de trabalho árduo e honesto, mesmo que por trás de um embuste, a figura generosa do Senhor Madeleine, amealhado durante os anos em que estivera à frente da indústria que fundara em Montreuil-sur-Mer.

– Nada mais peço ou desejo a não ser que vocês sejam muito, mas muito felizes mesmo – disse, enfrentando com extrema dificuldade as lágrimas, que, por fim, venceram a força descomunal de seu constrangimento.

*"Ele supunha ter,
e talvez tivesse efetivamente,
atingido a realidade da vida
e da filosofia humana,
chegando por fim
a não contemplar senão o céu,
única coisa que a verdade
pode ver do fundo do seu poço."*

Capítulo 25

Jean Valjean respirou longa e profundamente. Resignado. Talvez jamais fosse inteiramente feliz na vida, mais do que uma constatação, invencível certeza. Por mais que se esforçasse, era como se estivesse irremediavelmente predestinado à dor e ao sofrimento.

Não foi sem certa amargura e ainda maior melancolia que se viu alcançado por tão esmagadora certeza.

Afundou na poltrona, os olhos fitos no fogo crepitante da lareira, e entregou-se a seus próprios pensamentos. O casamento de Cosette estava próximo, e, normalmente, qualquer pai, e naquele instante sentia-se como tal quando se tratava da filha de Fantine, sob tais circunstâncias deveria estar dando vazão à toda alegria possível, até fazendo planos para um futuro encantador no seio de uma família amorosa e feliz. No entanto, mal dormia nos últimos dias, atormentado por novo dilema:

como poderia assinar os papéis de casamento de Cosette sob nome falso sem o risco de causar-lhe problemas futuros?

O brilho de contentamento que havia em seus olhos quando saiu do velho casarão de Gillenormand foi pouco a pouco se diluindo na profundidade cinzenta de uma dor conhecida. Nem a solução que encontraria no dia anterior ao casamento (apresentar-se com o braço suspenso em uma tipoia e a mão envolta por ataduras, pretextando uma prosaica queda de escada) foi capaz de fazê-lo superar aquela inquietação. Amiúde, seria por causa dela que procuraria Marius e contaria toda a verdade sobre si, revelando as circunstâncias do infortúnio que o levara à prisão e todos os desdobramentos da fuga constante em que se transformara sua existência desde então. Compreendeu e resignou-se às decisões tomadas posteriormente por um pasmo e assustado Marius; além de lhe pedir que evitasse ao máximo frequentar a casa de seu avô, restituiu ao Banco Lafitte todo o dinheiro que recebera de Valjean, acreditando ser fruto de algum crime. Magoado, Valjean refugiou-se na distância e no silêncio da casa da Rue de l'Homme Armé, abandonando ambos apenas de tempos em tempos, apenas para uma caminhada até a casa de Gillenormand, conformando-se apenas em ver Cosette a distância.

Cansava-se. A passagem do tempo finalmente cobrava alto preço à sua existência. Os dias cada vez mais vazios se faziam em igual medida mais longos e silenciosos. Pesavam-lhe. Dormia pouco e mal. A casa no número 7 da Rue de l'Homme Armé tornava-se assombrosamente grande, e da escuridão emergiam velhos fantasmas que davam a impressão de nunca mais o abandonarem e com os quais, a cada dia que passava, encontrava maior dificuldade de conviver. Era como se, com a ausência de Cosette, eles frequentassem seus dias mais permanentemente. O olhar esmaecido de um homem vitimado por quase interminável sofrimento como que lhe permitia, apesar de inteiramente a contragosto, enxergá-los e, pior ainda, acreditar que eles jamais o abandonariam e mesmo que, mais cedo ou mais tarde, estaria entre eles. Inescapável compreensão:

algo novo se avizinhava. Não sabia explicar. Não passava de uma sensação nova e inusitada que o acompanhava mais frequentemente. Estaria até no dia 16 de fevereiro de 1833, quando Cosette e Marius se casaram. Na verdade, tornaria-se ainda mais presente.

Não de maneira tão absoluta e grandiosa, pois um daqueles fantasmas de seu passado fez-se presente ainda quando saíam da igreja, misturado a um grupo de palhaços de uma grande trupe que se apresentava em uma rua próxima. Nem a pesada maquiagem ou a fantasia espalhafatosa impediu que reconhecesse Thénardier e uma de suas filhas.

Preocupou-se, temendo que mais uma vez entrasse em suas vidas para atormentar principalmente Cosette. Vigiou a jovem, que seguiu o cortejo nupcial, e por dias esperou em vão que Thénardier aparecesse para mais uma vez chantageá-lo. Algum tempo depois, soube que Thénardier visitara Marius e tentara tirar dinheiro do jovem barão, alegando ter informações comprometedoras que, na verdade, levavam à história conhecida sobre Jean Valjean.

Pobre Marius!

Decepcionou-se à medida que ouvia aquele que seu pai tinha na conta de herói e acreditara até o último de seus dias que lhe salvara a vida no campo de batalha de Waterloo. Enojou-se ao ver que se tratava de uma criatura das mais abomináveis e sentiu um enorme prazer em frustrar cada uma de suas inúmeras tentativas de vender os segredos que julgava possuir sobre Jean Valjean. Chegou mesmo a rir-se dele no momento em que, premido pelo maior dos desesperos, Thénardier alegou que testemunhara um crime, na verdade um assassinato perpetrado por aquele do qual falavam.

– Eu o vi carregar um homem nos esgotos – disse. – Eu o ajudei a fugir e tenho certeza de que ele matou aquele pobre coitado...

– Maldito salafrário! – rugiu Marius, rubro de raiva, lançando-se sobre ele. – Aquele homem que você diz que ele matou era eu!

Agarrando-o pela gola do longo e esfarrapado capote que usava, arrastou-o até a porta e o arremessou na rua.

– Nunca mais apareça na minha frente, ouviu bem? – continuou. – Se eu voltar a vê-lo sequer passando por essa calçada, esquecerei a promessa que fiz a meu pai e chamarei a polícia, ouviu bem?

Thénardier nunca entendeu bem a que se referia Marius:

– Pai? Que pai?

Afastou-se, limpando a poeira da roupa e fingindo indignação ao ser alcançado pelos olhares curiosos das pessoas que iam e vinham à sua volta.

– Quanta ingratidão! – protestava. – Você vê? A gente tenta ajudar as pessoas e é assim que nos tratam!

Mal fechou a porta e Marius encheu-se de remorsos. Depois de tudo o que Thénardier lhe dissera, não lhe restava a menor dúvida de que cometera grande injustiça com Jean Valjean. Poucas vezes criminoso tão vil fora testemunha da honradez e generosidade de alguém como fora Thénardier ao dizer tudo o que dissera sobre aquele que impedira de entrar em sua casa.

Além de um insignificante pão, Jean Valjean jamais cometera crime algum e, bem ao contrário, fizera de sua existência todo um surdo testemunho do que um homem bom era capaz de fazer por outros, apesar de todas as injustiças e vicissitudes por que passara.

Angustiado, contou a Cosette tudo o que se passara e, em seguida, rumou para a casa da Rue de l'Homme Armé.

Magro e envelhecido, Jean Valjean sorriu ao ver o casal entrar em seu quarto. A triste constatação de que estava muito doente fez com que ambos se atirassem sobre ele e implorassem seu perdão.

– Nada há para se perdoar... – assegurou ele, fracamente. – Eu morro feliz...

– Não fale assim – implorou Cosette, angustiada. – O senhor não vai morrer. O senhor está proibido de falar uma coisa dessas...

– Morrer é nada, minha querida. Horrível é não viver, e você pode acreditar que agora é que eu verdadeiramente estou vivendo. Vê-la feliz é tudo o que eu sempre quis na vida...

– O senhor vai ver, vai sim...
Marius achegou-se e, colocando-lhe as mãos entre as suas, disse:
– Eu queria que o senhor me perdoasse. O senhor poderia me perdoar? Eu disse tantas coisas, fiz muita tolice... O senhor não merecia...
Jean Valjean sorriu.
– Rancor? De que me adianta todo e qualquer rancor que pudesse alimentar contra qualquer pessoa, muito menos contra alguém que está fazendo feliz quem eu sempre amei?
– Não morra, senhor. Por favor, nós precisamos do senhor...
– Não precisam, não. Agora têm um ao outro.
Cosette e Marius ainda fizeram menção de dizer muitas outras palavras, animá-lo, promessas tolas sobre um futuro que não mais interessava a Jean Valjean. Ele dirigiu-lhes um último olhar, aquela luz mágica do encantamento mais genuíno diante da felicidade de outros, eclipsando-se serenamente. Finalmente em paz.

FIM